Pasar la posta

Diseño de tapa:
Estudio Olivieri

JOSÉ MARÍA QUIRÓS
MARTÍN QUIRÓS

Pasar la posta

Soluciones y confidencias de un padre y un hijo

GRANICA

ARGENTINA - ESPAÑA - MÉXICO - CHILE - URUGUAY

ARGENTINA
Ediciones Granica S.A.
Lavalle 1634 3º G / C1048AAN Buenos Aires, Argentina
granica.ar@granicaeditor.com
atencionaempresas@granicaeditor.com
Tel.: +54 (11) 4374-1456 - Fax: +54 (11) 4373-0669

MÉXICO
Ediciones Granica México S.A. de C.V.
Valle de Bravo N° 21 El Mirador Naucalpan Edo. de Méx.
(53050) Estado de México - México
granica.mx@granicaeditor.com
Tel.: +52 (55) 5360-1010 - Fax: +52 (55) 5360-1100

URUGUAY
granica.uy@granicaeditor.com
Tel: +59 (82) 413-6195 - Fax: +59 (82) 413-3042

CHILE
granica.cl@granicaeditor.com
Tel.: +56 2 8107455

ESPAÑA
granica.es@granicaeditor.com
Tel.: +34 (93) 635 4120

www.granica.com

Quirós, José María
    Pasar la posta : soluciones y confidencias de un padre y
un hijo / José María Quirós ; Martín Quirós. 1a ed. - Ciudad
Autónoma de Buenos Aires : Granica, 2016.
    176 p. ; 22 x 15 cm.

    ISBN 978-950-641-897-7

    1. Empresa Familiar. I. Quirós, Martín II. Título
    CDD 338.87

ÍNDICE

Prefacio   11

Mensaje de José María Quirós   12

Mensaje de Martín Quirós   14

Caperucita Roja: dos versiones de un cuento conocido   17

Una valiosa herramienta   19

Capítulo 1. LA EMPRESA FAMILIAR ES FUTURO   21
DESDE EL INGRESO DEL HIJO HASTA EL NUEVO LIDERAZGO   21
LOS NUEVE FACTORES QUE ATRAVIESAN ESTE PROCESO   23
    1. Mucho más que un cambio, una mutación   23
    2. Los hijos van a tener patrones   24
    3. La nueva inocencia del fundador   25
    4. Los recorridos del padre y del hijo son diferentes   26
    5. El liderazgo no se hereda, se construye   26
    6. Proactividad del hijo: ser artífice de su propio destino   27
    7. Dos personas, varios roles   28
    8. Cambio de valores   28
    9. Mirar el futuro   29

Capítulo 2. PRIMERA ETAPA: EMPRENDIMIENTO Y FORMACIÓN DE LA EMPRESA   33
EL LEGADO DEL EMPRENDIMIENTO   33
    La decisión de emprender: creer y tener ganas   34
    La mirada de los hijos   35
    Crecimientos en paralelo   36
LECCIONES DEL PERÍODO FUNDACIONAL   38
    1. La historia de la empresa tiene poder emocional   38
    2. El fundador hizo el emprendimiento para él   39
    3. Los hijos desayunaron como empresarios   40
    4. El techo de los padres es el piso de los hijos   41
QUÉ HACER Y QUÉ NO HACER EN EL PERÍODO DE FORMACIÓN DE LA EMPRESA   41
ALGUNOS EJERCICIOS PARA LA MEMORIA   43

Capítulo 3. SEGUNDA ETAPA: INGRESO DE LOS HIJOS   45
¿CÓMO ENTRAN LOS HIJOS A LA EMPRESA?   46
"Estudias o trabajas..."   47
"Trabajo y estudio"   47
El hijo graduado   48
"¿Y si vienes a trabajar conmigo?"   48
"Me gustaría tenerte en la empresa"   49
PRIMERAS ÉPOCAS DEL HIJO EN LA EMPRESA   49
La empresa a la medida del padre   49
Tres inquietudes de los padres   51
La función optimizadora   52
El hijo no es uno más   54
LECCIONES DEL PERÍODO DE INICIACIÓN   56
1. La oportunidad de explorar   56
2. Motivación y vínculo emocional con la empresa   58
3. Cuidar al personal clave   58
QUÉ HACER Y QUÉ NO HACER EN EL PERÍODO DE INGRESO DE LOS HIJOS A LA EMPRESA   60

Capítulo 4. TERCERA ETAPA: DESARROLLO PROFESIONAL.   63
DE OPTIMIZADORES A DESARROLLADORES   64
Se agotó una etapa   64
Nuevas necesidades   65
Cuatro señales de que hay que cambiar   66
DESARROLLO PROFESIONAL DE LOS HIJOS   67
Tres hitos en su trayectoria empresaria   67
Autonomía, mérito y motivación   67
¿Por qué encarar el desarrollo profesional de los hijos?   69
Las dos cualidades principales que se necesita desarrollar   70
Claves para el desarrollo profesional   72
UNA FUNCIÓN DE NEGOCIO PARA ENTRENARSE   72
Una baldosa para el hijo: características y condiciones   73
Resistencia y sabotaje del padre   76
Jugar en una baldosa   77
LECCIONES DEL PERÍODO DE DESARROLLO PROFESIONAL   78
1. La clave es ajustar la proporción del desafío   78
2. El error no es fracaso, es información   79
3. La autonomía está en primer lugar   79
QUÉ HACER Y QUÉ NO HACER EN EL DESARROLLO PROFESIONAL DE LOS HIJOS   80

Capítulo 5. CUARTA ETAPA: LIDERAZGO COMPARTIDO Y QUINTA ETAPA: NUEVO LIDERAZGO   85
CUARTA ETAPA: LIDERAZGO COMPARTIDO
Recorrido natural hacia el liderazgo compartido   86
Evolución en su ámbito de gestión   86
Compartir decisiones estratégicas   87
Nuevas exigencias para el fundador   88
Números clave   89

Profesionalización: ¿qué hace a una empresa atractiva o no?   90
¿Cuál es la finalidad de esta etapa?   91
Hacia el liderazgo único   91
Atajos que favorecen la independencia   92
Certezas y dudas: siempre hay alternativas   93
QUÉ HACER Y QUÉ NO HACER EN EL LIDERAZGO COMPARTIDO   94
QUINTA ETAPA: NUEVO LIDERAZGO   96
Aprendamos a separar los roles   97
Función especial del nuevo liderazgo   97
La empresa del fundador es el cimiento para una refundación   97
Dos momentos diferentes en el nuevo liderazgo   98
QUÉ HACER Y QUÉ NO HACER EN EL NUEVO LIDERAZGO   99

Capítulo 6. LA IMPORTANCIA DE VISUALIZAR EL FUTURO   103
LAS DECISIONES NO SON SOLO PARA HOY   104
El cuadro de edades: el futuro no va a ser igual   104
PREPARAR EL CAMINO   105
Creencias o errores   105
Oportunidades o problemas   106
EDADES SIGNIFICATIVAS   107
De 38 a 43 años   107
Un hito importante: el fin del liderazgo del fundador   109
QUÉ HACER PARA COMPLETAR LOS CUADROS DE EDADES   110
CUADROS DE EDADES. UNA HERRAMIENTA DE LIDERAZGO   111

Capítulo 7. LOS HERMANOS   113
LA SEGUNDA GENERACIÓN TIENE PATRONES   113
Los roles del fundador   114
Distintos roles, distintas alternativas   115
Accionistas   117
LECCIONES SOBRE LA SEGUNDA GENERACIÓN   117
1. Los hijos crecen diferentes   117
2. Equitativos, no igualitarios   118
3. Suposiciones del fundador   118
4. Cónyuges, ¿los "malos de la película"?   120
5. Alternativas para las decisiones del fundador   121
QUÉ HACER Y QUÉ NO HACER   123

Capítulo 8. EL DINERO QUE GENERA LA EMPRESA: ALTERNATIVAS DE DISTRIBUCIÓN   125
EL DINERO Y CÓMO ASIGNARLO   126
Tipos de ingresos que genera la empresa   126
REMUNERACIONES   128
Particularidades de la retribución de los hijos   128
Las motivaciones del padre   130
La confianza no se paga, se cultiva   132
El "Efecto Pigmalión"   133

Los sentimientos del hijo   133
Conjeturas del resto de la familia   134
LECCIONES DE LAS RELACIONES ECONÓMICAS ENTRE LA EMPRESA Y LA FAMILIA   135
    1. El dinero es una herramienta de poder   135
    2. Dime cuánto ganas y te diré quién eres   137
    3. La remuneración es una contraprestación   138
    4. Los padres no son buenos evaluadores del desempeño de los hijos   140
QUÉ HACER Y QUÉ NO HACER EN LAS RELACIONES ECONÓMICAS   140
UN EJERCICIO QUE HABLA POR SUS RESULTADOS   143

Capítulo 9. COMUNICACIÓN ENTRE PADRES E HIJOS   145
DIFERENTES INTERPRETACIONES DE LA EMPRESA   146
    La empresa interiorizada del fundador   146
    La empresa simbólica del hijo   147
    Cómo construir un diálogo compartido   147
    Hacia una perspectiva superadora   148
LAS CONVERSACIONES DETERMINAN LA RELACIÓN   149
    El poder de las conversaciones   149
    Consecuencias de las conversaciones frustrantes   149
LECCIONES PARA LA COMUNICACIÓN ENTRE PADRES E HIJOS   150
    1. Las formas son el mensaje   150
    2. Comenzar una relación adulta   151
    3. Los límites   152
    4. Tres factores clave: cómo, cuándo y dónde   153
    5. Algunas frases efectivas   154
QUÉ HACER Y QUÉ NO HACER EN LA COMUNICACIÓN ENTRE PADRE E HIJO   156

Capítulo 10. CAMBIO EN LA MIRADA ENTRE PADRES E HIJOS   159
IDENTIDAD Y PROTAGONISMO   160
    Del gigante al hombre   160
    Del niño al protagonista de su propia vida   163
    Como padres, todo lo que hicimos lo hicimos por nosotros   164
    Como hijos, todo lo que hacemos lo hacemos por nosotros   165
A LA SOMBRA DEL PADRE   165
    Padre desarrollador   165
    El karma del empresario perfecto   166
EL FUTURO DE LA GENERACIÓN MAYOR   170
    Priorizar la relación con los hermanos de su generación   170
    Proteger su independencia financiera   171
¿HAY TIEMPO?   172
    Todavía hay tiempo   172
    El momento es ahora   172

PREFACIO

José María Quirós tiene 36 años y es padre de seis hijos. Es el mayor referente en la especialidad de pequeñas y medianas empresas y autor del libro *Etapas de la pyme*.

Además de dirigir su consultora es el fundador de una empresa especializada en capacitación de dueños y directivos. Esta iniciativa se fue desarrollando y más tarde alcanzó un crecimiento importante con el aporte de Martín Quirós, su hijo mayor, quien al día de hoy la dirige. Actualmente, Centro de Capacitación & Empresa S.A. capacita a 6.500 empresarios pyme por año, con la realización de eventos en ocho ciudades de la Argentina, auspiciados por los principales bancos, empresas de comunicaciones y aerolíneas, además de desarrollar contenidos exclusivos para dueños de pymes que tienen alcance en toda América Latina.

José María y Martín Quirós, padre e hijo, empresarios y consultores en Empresa Familiar, representan dos generaciones y comparten dos miradas con una misma visión.

Mensaje de José María Quirós

Cuando decidí iniciar mi propia empresa, con esa "pasión de locos" que se necesita para ser emprendedor, tenía 30 años y ya habían nacido cuatro de mis seis hijos. Desde entonces han transcurrido 36 años, de los cuales hay dos momentos que quiero resaltar, como las dos caras del aprendizaje constante que uno tiene que hacer como empresario y como padre.

Como consultor de pequeñas y medianas empresas, siempre estuve convencido de que no era bueno estar solo. Hay conocimientos que a uno, individualmente, le pueden faltar, o situaciones a las que no "le encuentra la vuelta" para proponer soluciones. Desde un comienzo, cuando trabajaba solo, me reunía cada tanto con otros consultores para intercambiar experiencias. Recién empezaba a darme cuenta de que una pyme es algo muy especial, que no es una empresa grande "en miniatura", sino todo un mundo con sus propias características.

Mientras iba trabajando, investigando y especializándome, quise formar mi propio equipo de profesionales para desarrollar conocimiento y aplicarlo. Cuando tomé los primeros consultores, que eran profesionales brillantes y con los que aprendí muchísimo, vi que no funcionaban atendiendo a los clientes. Ahí me di cuenta de que yo hacía intuitivamente muchas cosas que daban buen resultado pero que ni siquiera sabía que las estaba haciendo, y por eso no podía transmitirlas. Por ejemplo, la forma de tener llegada al empresario para que comprenda que uno le puede aportar conocimientos de valor a su empresa; o la manera de trabajar con las empresas partiendo de sus fortalezas y no de sus defectos.

Fue un momento bisagra. **Tuve que descubrir qué era lo que yo hacía bien y aprender a explicarlo** y a compartirlo con mi equipo.

Varios años después, sentí exactamente lo contrario. En el trabajo de consultoría había empezado a tratar muchos casos de empresas familiares y fui descubriendo soluciones para las cuestiones que planteaban. Luego de haber ayudado al desarrollo profesional de hijos de empresas familiares, la tarde en que mi hijo Martín me anunció que se iba de nuestra empresa a trabajar para una corporación, sentí que mucho de lo que había sabido explicar "exitosamente" no lo había sabido hacer.

Fue otro momento clave. **Tuve que aprender a poner en práctica, como padre y como fundador de una empresa, cosas que sabía explicar como consultor.**

Después de algunos años fuera de nuestra empresa, Martín ingresó otra vez, en términos distintos que al principio. De a poco, empezó a cuestionar la manera en que yo hacía las cosas, a proponer y llevar adelante cambios, a tomar responsabilidades mayores, a desarrollar áreas de negocios... Descubrí que me cambiaba muchas perspectivas. Por ejemplo, darme cuenta de que ayuda mucho que el hijo empuje al padre y que vaya tomando nuestro lugar, porque eso nos da confianza en que puede hacerlo y nos permite pensar que con su capacidad la empresa irá más allá de nuestra presencia.

Y fue aprender, como padre, que para el desarrollo profesional del hijo en la empresa familiar se requiere una transformación de uno, del fundador. Nuestros hijos nos van modificando, haciéndonos ver otras realidades y oportunidades que ni imaginábamos. Parte de ese aprendizaje es darnos cuenta de que a medida que los padres vamos teniendo edad, aunque tenemos mucha experiencia, es una experiencia que viene con lo antiguo, no con lo nuevo. Los padres tenemos que apoyar a nuestros hijos, no ser sus maestros. Cuando los hijos son adultos, uno no tiene que ser su "profesor"; tiene que acompañarlos y sorprenderse de ellos. Mis hijos me sorprenden. Todos.

Vuelvo al comienzo. Hace 36 años, cuando estaba pensando en crear mi propia consultoría, recuerdo que mi padre lo primero que me dijo fue: "Pensalo bien, tenés cuatro hijos, sos el único sostén de tu familia; a lo mejor te conviene esperar, primero conseguir otra cosa...". Pero cuando ya tenía la decisión tomada y le dije: "Viejo, renuncié, me largo por mi cuenta", me contestó: "No te hagas problema. Te va a ir bien". Ese tipo de apoyo a los hijos, esa validación es muy importante. Es la manera de respetarlos.

De ese aprendizaje de ida y vuelta surgió este libro. De lo mucho visto, estudiado y probado como consultor de empresa familiar, y de lo vivido y aplicado en nuestro propio caso. Y de lo mucho discutido, porque esto también forma parte de una buena relación entre padres e hijos.

Mensaje de Martín Quirós

La primera vez que colaboré con mi padre yo tenía 16 años. Él estaba recién empezando con la consultora. Mi mamá se encargaba de la parte comercial. Era genial, porque se los veía con un entusiasmo impresionante. También empecé a encarar proyectos propios desde chico; ya a los 17 años tenía mi emprendimiento de publicidad en la vía pública, para pegar afiches, y me fue bastante bien, hasta que a eso de los 20 tuve que decidirme: o me dedicaba de lleno a ese negocio o me ponía a estudiar marketing mientras trabajaba como empleado. Decidí estudiar, y después de algunos empleos temporarios, mi padre me ofreció entrar a trabajar en su empresa.

De los 21 a los 24 años trabajé con él en el área comercial para los eventos de capacitación, que en ese momento eran seminarios y conferencias. Aunque por entonces la empresa era chiquita, hice crecer significativamente las ventas. Hasta que un día, un compañero de facultad me propuso entrar en un proyecto de una multinacional. Le conté a mi viejo por qué me parecía interesante y él, al verme decidido, inmediatamente me apoyó.

Me tentó la idea de ser "cola de león", en lugar de "cabeza de ratón". Quería ser parte de una compañía grande, con los beneficios y las señales de estatus que veía en compañeros de estudio que trabajaban en grandes empresas. Pero con el tiempo comprobé que en mi decisión habían tenido mucho peso **dos aspectos fundamentales para quienes somos hijos en una empresa familiar: la necesidad de sentir autonomía, sin depender de nuestros padres, y la de mostrarnos, a nosotros mismos, la capacidad de logro y de tener mérito propio**.

Esa experiencia de diez años en el área comercial de corporaciones, me permitió obtener ese reconocimiento externo, que no había logrado sentir en mi primera etapa en la empresa familiar. Además, me dio cierta "capacidad de vuelo", como poder hablar, sin asustarme, de cifras muy grandes en un negocio, lo cual no es común en una empresa chica.

Profesionalmente me fue muy bien, hasta que, como ocurrió con mucha gente en medio de la crisis del país, en diciembre de 2001 me quedé sin empleo. Una opción era emigrar, como hicieron muchos de mi generación en ese momento, pero preferí tantear la posibilidad de vender al exterior proyectos desde la Argentina. Entre los negocios que llevaba en carpeta para ofrecer, le propuse a mi padre incluir los de su empresa. De esos primeros viajes regresé con una visión muy contundente: en América Latina, nadie estaba haciendo en consultoría y capacitación de pymes lo que acá hacía José María Quirós. Además de la emoción que significa descubrir el valor que tiene para otra gente el padre de uno, tenía en claro que había una oportunidad empresaria que era posible desarrollar.

Con ese proyecto de desarrollo se produjo mi reingreso a la empresa familiar. Nos fijamos dos objetivos: posicionar a José María Quirós como el especialista en pymes más reconocido –primero en el país, y luego en América Latina– y pasar de los cuatro seminarios que daba al año a la realización del evento de management de pymes más importante de la Argentina. Para conseguirlo debíamos encarar una serie de cambios paulatinos en la empresa... y en la relación entre mi padre y yo dentro de ella. Pero el definir esas metas nos permitió tener **mucha claridad para tomar algunas decisiones, en función de qué nos acercaba o qué nos alejaba de nuestros objetivos**. Esos cambios, que significaron una verdadera mutación, llevaron a que tuviéramos que encarar nuevos aprendizajes. Si mi padre tuvo que ir aprendiendo, por ejemplo, a delegar cada vez más, yo tuve que aprender a liderar gente –no fue sencillo y me llevó varios años–, y a hacerlo sin pretender imitarlo a él. También fui aprendiendo en los últimos años a actuar como consultor.

Y en este punto nos encontramos los dos en un campo que nos resulta muy afín, muy natural: el de la empresa familiar. **Como padre y como hijo, como fundador y como segunda generación de la empresa, cuando asesoramos a empresas familiares tenemos muy presente las dos caras, las dos versiones de la historia, cómo la viven padres e hijos empresarios.**

A nosotros, los de la segunda generación, a veces nos cuesta entender que nuestra función no es ni cambiar a nuestros padres ni levantarles un monumento. Tenemos que buscar nuestro propio lugar, dentro o fuera de la empresa. Como individuos, siempre tenemos alternativas y tenemos poder. En la medida en que lo usemos, vamos a cambiar cosas. Y si nuestra intención es continuar la empresa familiar, tenemos que ser conscientes de que en ella **el liderazgo no es un título heredado, sino una búsqueda personal**.

. . . .

Caperucita Roja: dos versiones de un cuento conocido

El bosque era mi hogar. Yo vivía allí y me gustaba mucho. Siempre trataba de mantenerlo ordenado y limpio. Un día soleado, mientras estaba recogiendo la basura dejada por unos turistas, sentí unos pasos. Me escondí detrás de un árbol y vi llegar a una niña vestida de una forma muy divertida: toda de rojo y su cabeza cubierta, como si no quisiera que la viesen. Caminaba feliz y comenzó a cortar las flores de nuestro bosque, sin pedir permiso a nadie, quizá ni se le ocurrió que esas flores no le pertenecían. Naturalmente, me puse a investigar. Le pregunté quién era, de dónde venía, a dónde iba, a lo que ella me contestó, cantando y bailando, que iba a casa de su abuelita con una canasta para el almuerzo. Me pareció una persona honesta, pero estaba en mi bosque cortando flores. De repente, sin ningún remordimiento, mató a un mosquito que volaba libremente, pues el bosque también era para él. Así que decidí darle una lección y enseñarle lo serio que es meterse en el bosque sin anunciarse antes y comenzar a maltratar a sus habitantes.

La dejé seguir su camino y corrí a la casa de la abuelita. Cuando llegué me abrió la puerta una simpática viejecita. Le expliqué la situación y ella estuvo de acuerdo en que su nieta merecía una lección. La abuelita aceptó permanecer fuera de la vista. Cuando llegó la niña la invité a entrar al dormitorio donde yo estaba acostado vestido con la ropa de la abuelita. La niña llegó sonrojada, y me dijo algo desagradable acerca de mis grandes orejas. He sido insultado antes, así que traté de ser amable y le dije que mis grandes orejas eran para oírla mejor.

Ahora bien, la niña me agradaba y traté de prestarle atención, pero ella hizo otra observación insultante acerca de mis ojos saltones. Comprenderán que empecé a sentirme enojado. La niña mostraba una apariencia tierna y agradable, pero comenzaba a caerme antipática. Sin embargo, pensé que debía poner la otra mejilla y le dije que mis ojos me ayudaban a verla mejor. Pero su siguiente insulto sí me encolerizó. Siempre he tenido problemas con mis grandes y feos dientes, y esa niña hizo un comentario realmente grosero.

Reconozco que debí haberme controlado, pero salté de la cama y le gruñí, enseñándole toda mi dentadura y gritándole que era así de grande para comérmela mejor. Ahora, piensen ustedes: ningún lobo puede comerse a una niña. Todo el mundo lo sabe. Pero esa niña empezó a correr por toda la habitación gritando, mientras yo corría detrás de ella tratando de calmarla. Como tenía puesta la ropa de la abuelita y me molestaba para correr, me la quité, pero fue mucho peor. La niña gritó aún más. De repente la puerta se abrió y apareció un leñador con un hacha enorme y afilada. Yo lo miré y comprendí que corría peligro, así que salté por la ventana y escapé corriendo. Me gustaría decirles que este es el final del cuento, pero desgraciadamente no es así. La abuelita jamás contó mi parte de la historia y no pasó mucho tiempo sin que se corriera la voz de que yo era un lobo malo y peligroso. Todo el mundo comenzó a evitarme y a odiarme.

Desconozco qué le sucedió a esa niña tan antipática y vestida de forma tan rara, pero sí les puedo decir que yo nunca pude contar mi versión. Ahora ya la conocen...

Adaptación de un texto de Leif Fearn[1]

La otra versión, la del lobo malo que ataca a la niña inocente, la conocemos todos.

Este libro es un cuento de a dos, acá no hay víctimas ni villanos, sino situaciones que suceden. En la empresa familiar, cada una de las partes contribuye de diferente manera a la relación y, por lo tanto, cada uno por sí mismo, aunque no pueda cambiar al otro, puede cambiar sus propias acciones y reacciones por las que, finalmente, va cambiando el vínculo de los dos.

Esta mirada empodera a cada uno, sobre todo al que comienza con menos poder. Por eso, ya seas el padre o el

---

1 Fearn, Leif: "El Lobo calumniado" (versión corregida y adaptada, aparecida en el *Education Project* de la Sección Británica de Amnesty International). En Boletín Informativo Educación en Derechos Humanos, nº 8, Buenos Aires, septiembre de 1988.

hijo en esta historia, este libro te permitirá entender cómo ve las cosas la otra parte, por qué las ve de esa manera y qué necesita.

Este solo conocimiento, por sí mismo cambiará la relación, aun cuando luego de leer al respecto decidas que no vas a modificar nada. El entendimiento de la perspectiva del otro actuará como la masa profunda de un iceberg, que sin ser visible va a sostener y a dar forma a esa parte perceptible que es la relación.

Una valiosa herramienta

Esta obra es especial para la convivencia del fundador con la segunda generación y para su futuro traspaso. El estilo y la impronta del fundador son muy fuertes en la empresa en la que ingresa el hijo, y no es lo mismo en las siguientes generaciones. Metodologías que funcionan muy bien en empresas familiares para las siguientes generaciones no se aplican a la primera. Hay estilos y prescripciones propios de las publicaciones que a veces le resultan alejados al dueño de una pyme. Aquí, tanto el padre que fundó la empresa como el hijo o los hijos que están trabajando con él sentirán mucha mayor identificación y se darán cuenta de que su caso no es particular, y de que hay salidas y oportunidades para empresas como la suya.

Este libro no está planteado desde el "debería", porque el "debería" supone que algo está hecho mal. No te reta por lo que hiciste ni te plantea un camino ideal imposible de llevar a la práctica. Parte de tu realidad de hoy te alienta a mirar al futuro, te brinda recursos prácticos para aplicar en tu empresa, y te advierte seriamente sobre aquellos aspectos a los que, de ahora en más, tendrás que prestar atención.

El fundador puede llamarse Ana, Roberto o Estela. El hijo puede ser Matías, Romina o Juan Pablo. Siempre hablamos de la relación del fundador con el hijo que va a ser líder. Este libro es una herramienta fundamental para el ingreso y el desarrollo de la segunda generación.

Para permitir una lectura más fluida, acá utilizamos las palabras *fundador* o *padre* y la palabra *hijo*. Sin embargo, al hablar del fundador o del padre, nos referimos a cualquiera de las variantes posibles, ya sea al padre que inició la empresa, a la madre que inició la empresa o a la pareja que conjuntamente la inició y la dirige. Y cada vez que utilicemos la palabra *hijo*, también se incluyen las distintas posibilidades del rol, es decir: hijo, hija o hijos.

CAPÍTULO 1

LA EMPRESA FAMILIAR ES FUTURO

Desde el ingreso del hijo hasta el nuevo liderazgo

Los nueve factores que atraviesan este proceso

1. Mucho más que un cambio: una mutación
2. Los hijos van a tener patrones
3. La nueva inocencia del fundador
4. Los recorridos del padre y del hijo son diferentes
5. El liderazgo no se hereda: se construye
6. Proactividad del hijo: ser artífice de su propio destino
7. Dos personas, varios roles
8. Cambio de valores
9. Mirar hacia el futuro

Desde el ingreso del hijo hasta el nuevo liderazgo

Si somos padres, seguramente ya tenemos uno o más hijos trabajando en la empresa. Nos gusta que trabajen con nosotros y esperamos que sean ellos quienes lleguen a dirigirla el día de mañana. Pero tenemos algunas dudas: no sabemos si el sueldo que cobran es adecuado, si van a tener liderazgo y visión de negocio, cuál de ellos va a ser el líder o qué va a pasar mañana con nuestros hijos que no trabajan en la empresa.

En otros casos, quizá las dudas sean más radicales: no estamos seguros de si al haberlos traído a trabajar con nosotros "metimos la pata" y en el fondo no es lo mejor ni para ellos ni para la empresa.

Si somos hijos, probablemente ya estemos trabajando con nuestro padre. Quizá porque se dio así, o porque de entrada nos entusiasmamos sin saber lo que nos esperaba. Nos preguntamos si alguna vez él nos va a dar el espacio que queremos. Y, si nos lo diera, no sabemos si en el fondo su mirada, real o imaginada, nos va a pesar tanto que limite nuestro desarrollo. Si, en cambio, el lugar ya nos lo ganamos, quizá lo que nos pese sea la mirada de nuestros hermanos.

Hay días difíciles en los que, como padres o como hijos, querríamos que las cosas fueran diferentes.

Miramos otras empresas familiares y la nuestra no es así. Nos damos cuenta de que todavía somos un poco informales y no tenemos reglas establecidas para encarar esto. Claro que, al compararnos, nos olvidamos de que el césped del vecino siempre se ve increíblemente más verde.

Dudar es natural cuando queremos hacer las cosas bien. Y aunque hayamos leído algo sobre el tema, hasta ahora no hemos encontrado respuestas para empresas como la nuestra.

Sin embargo, existen herramientas efectivas para que este primer momento de la empresa familiar sea más fácil, más grato y mucho más prometedor.

¿Vale la pena ponerse al hombro el proyecto de empresa familiar? ¡Por supuesto que vale la pena! ¿Por qué? Porque **las empresas familiares son incuestionablemente más exitosas que las demás,** porque **estadísticamente tienen más continuidad, más rentabilidad y capacidad para generar valor diferenciado.** Los hijos hacen cosas increíbles.

Puede que sea una fábrica de bulones o una compañía de desarrollo de software. Al familiarizarse la empresa, el producto o servicio va reforzando su identidad y su posicionamiento. Pero sobre todo, **se genera un legado y una mística que se proyecta positivamente a las siguientes generaciones**.

No es fácil. ¡Cómo va ser fácil si estamos juntando dos de los desafíos más complejos: la familia y la empresa! Tampoco es difícil si vamos de a poco y comprendemos los principios básicos para que las cosas funcionen.

¿Es la empresa familiar el camino ineludible? No. Se puede vender o se puede cerrar. Y esto sería mejor que forzar algo que, en definitiva, es un suplicio para todos.

Pero si la intención de ambas generaciones es continuarla, ¡sin duda que vale la pena!, y **es posible hacer este camino mucho más seguro y placentero para cada uno de sus protagonistas**.

Los nueve factores que atraviesan este proceso

Hay nueve factores que actúan como trasfondo a lo largo del proceso que va desde la empresa en la que actuaba solo el fundador hasta el liderazgo de la nueva generación. Aunque no se perciban de entrada y solo en algunas circunstancias aparezcan en escena, juegan en todo momento, conformando el perfil de la empresa familiar y definiendo sus posibilidades de continuidad. El conocimiento de que estos factores están presentes no elimina los obstáculos pero los hace mucho más administrables.

1. Mucho más que un cambio, una mutación

Lo que sucede entre la empresa del fundador y la empresa que quedará conformada a su retiro es mucho más que un cambio, es una verdadera *mutación*.

El Diccionario de la Real Academia Española define su acepción desde la biología como una "Alteración en la secuencia del ADN de un organismo, que se transmite por herencia". Efectivamente, ese organismo heredado va a tener una biología diferente, va a conformar una nueva especie.

En la empresa que pasa del fundador a la generación que lo continúa, **se produce el cambio generacional más importante** de todos los traspasos. Luego de esta experiencia se alcanza un estatus empresarial diferente.

La obra del fundador, para él, no es solamente una empresa, es casi un hijo, una extensión de su propia identidad. Él es la empresa y la empresa es él. Y así se maneja, de manera personalista, centralizada, con un estilo distintivo impregnado en todos los empleados. Lidera con un control directo de cada detalle y una percepción encarnada de todo lo que sucede. La empresa "está en su cabeza", que es el tablero de mando de todo su funcionamiento.

Cuando el fundador se retire, los cambios habrán sido considerables. La empresa estará profesionalizada, en varios sentidos: habrá niveles reales de delegación, mayor distancia entre el nuevo líder y su gente; mecanismos de control más transparentes y la información –que ya no dependerá solo de la cabeza del líder, sino que circulará por fuera de ella– equilibrará la intuición. ¡Qué nostalgia sentimos los fundadores!

Paradójicamente, para tener continuidad, la empresa se va a despojar de mucho de lo que la hizo sobrevivir y crecer hasta entonces. **La pyme de esfuerzo, intuición y control mutará a una empresa de gestión, coordinación e innovación.**

2. Los hijos van a tener patrones

De todas las transformaciones que van a ir ocurriendo, la más importante, la que lo cambia todo, es que **así como el fundador era amo y señor, gerente y hacedor, dueño y**

decisor, el nuevo líder tendrá patrones: la familia. En principio, será el fundador que se ha retirado, y cuando llegue el día en que no esté, lo serán sus herederos, los otros hijos del fundador que no actúen como líderes.

Cuanto más conscientes del giro que va a dar la empresa sean los protagonistas clave, el fundador y los sucesores líderes o sucesores accionistas, más claridad tendrán cuando se oscurezca el camino.

3. La nueva inocencia del fundador

> **Con frecuencia se dice que, en el fútbol, los jugadores más habilidosos después no suelen ser buenos como técnicos. Quienes tuvieron naturalmente habilidades especiales, en el fondo, creen más en el talento que en el entrenamiento.**

El fundador, este hombre que se hizo a sí mismo y parece estar de vuelta de la vida, a quien lo que menos le faltó fue visión, poder y astucia, choca con el proceso de conducir al hijo con la misma ingenuidad con la que inició el negocio. Se encuentra sin saber de qué se trata, sin medir el alcance y tampoco las satisfacciones o sinsabores que le esperan en el día a día.

Cuando ya había luchado con la empresa y la tenía más o menos dominada, cuando podía manejarla *de taquito*, **tiene que volver al ruedo para aprender cómo conducir al hijo**. En verdad, tiene que hacer algo más difícil que aprender: debe "desaprender" mucho de lo aprendido para que funcione. **A las mismas fortalezas que lo hicieron crecer a él, las va a tener que rediseñar para que crezca su hijo.**

Este ingreso del hijo que propuso con inocencia lo toma desprevenido y es un camino del que no se puede apartar. Es un nuevo compromiso pero también un renacimiento. **Es reinventarse, salir de la zona de confort, volver a sorprenderse y dar un paso más allá.**

4. Los recorridos del padre y del hijo son diferentes

El padre partió de la nada, sin jefes, sin estructura ni capital. Se tenía a sí mismo y tenía que irle bien. Tuvo errores, crisis de negocio y situaciones que tuvo que aprender a manejar. Hizo todo el esfuerzo del mundo para subsistir. **El hijo comienza con una empresa armada** que, aunque para el padre era un sueño inalcanzable, para él es solo la base para empezar. Y, a diferencia del fundador, no parte de cero, empieza con la pesada carga de la impronta de su padre.

Mientras que el fundador, cuando empezó, miraba al cliente, la segunda generación mira a su padre. Y tiene sentimientos encontrados, como el de querer demostrarle que puede ser tan buen empresario como él y al mismo tiempo querer ser él mismo; el de imitarlo y mostrarse diferente, o admirarlo y a la vez enjuiciarlo.

El recorrido del hijo será el de *aprender la empresa* desde otro lugar, mirar al mercado y no a su padre; encontrar su propio estilo, apropiarse de un espacio que ya tiene dueño y, sobre todo, desarrollarse como futuro líder.

El padre también tiene sentimientos contradictorios. Más de una vez va a pretender que sea como él, casi un clon, y se va a enojar si no lo ve suficientemente comprometido, pero al mismo tiempo le va a tener más confianza que a nadie. Más adelante se va a sorprender con sus ideas y su manejo de las cosas y **va a encontrar en su hijo a un entrañable interlocutor de valor**.

No va a suceder de la noche a la mañana, porque la relación en la empresa no se da, se edifica. Van a andar y desandar caminos, cada uno de manera individual y, a la vez, los dos interactuando en la relación.

5. El liderazgo no se hereda, se construye

El padre construyó su liderazgo ejerciéndolo. Fue la única manera de desarrollar su capacidad empresaria, en la calle y con algunas caídas. Fue un aprendiz de la carrera empresaria. Tanto es así que muchas veces se siente como *un colado* en el rol de empresario, sin saber que esa es la manera de hacerse.

El liderazgo del hijo también es una carrera, pero se da en un entorno diferente. En alguna medida, más fácil y, en otra, más difícil: se desarrolla en el escenario de una empresa que existe pero que cuenta con un liderazgo establecido. Por eso es necesario seducir a toda la organización para encaminarla hacia un nuevo liderazgo.

El padre es la pieza clave y es su responsabilidad crear las condiciones para la carrera profesional del hijo como futuro líder.

6. Proactividad del hijo: ser artífice de su propio destino

El término *proactividad* surgió en los últimos años y significa hacer elecciones personales, tener iniciativa y, sobre todo, asumir la responsabilidad de hacer que las cosas sucedan.

En el proceso para convertirse en el nuevo líder de la empresa familiar, el hijo debe asumir un rol proactivo. Más allá de las características del padre, de cuánto permite, cuánto coarta o cuánto sabotea –conductas que no dependen ni del afecto ni de la buena voluntad, sino que surgen a cada rato en todo cambio de liderazgo–, **quien vaya a ser sucesor del fundador tiene que asumir la responsabilidad de su propio desarrollo profesional.** Diseñar y elegir su futuro profesional y económico le corresponde y nadie puede hacerlo por él.

Esto implica que **tiene que tener ambición y querer ser artífice de su destino.** Su misión no es ir tomando solamente lo que le va dejando el padre; tiene que ir por más, probando, negociando, conciliando o incluso enfrentando.

Un hijo que tiene fibra de futuro líder no es un hijo dócil para el fundador.

7. Dos personas, varios roles

Este es un proceso entre dos personas, padre e hijo, en el cual están involucrados varios roles: padre-empleador, hijo-empleado. Luego será padre-codirector, hijo-codirector y, finalmente, hijo-líder.

Por más acuerdos y artificios que armen para separar las cosas, desde cómo nombrarse hasta cómo dirigirse ante la gente, estos personajes se mezclarán en la escena; y aunque progresivamente aprenderán a detectar desde qué rol hablar o responder, van a estar fusionados hasta los últimos días.

El sueldo del hijo, en cuanto a la forma y a la cantidad, donde se confunden ayudas como padre con retribuciones por desempeño, es la expresión más gráfica de la dificultad para separar los roles.

En su momento hablaremos de este tema, mientras tanto, darse cuenta de los cambios de roles ayuda al desenvolvimiento de la relación.

8. Cambio de valores

Desde que el padre comienza el emprendimiento hasta su retiro transcurren, generalmente, alrededor de 40 años. En un período tan extenso ocurren muchas cosas en la vida de una familia y en la vida de una empresa. Nacimientos, casamientos, enfermedades, divorcios, fallecimientos. Adquisición y pérdida de bienes, ascenso económico o crisis financieras, e incluso quiebras y nuevos inicios. Estas situaciones dejan su huella y generan un cambio de valores en quienes las viven.

El empresario suele trabajar por demás, hacerse malasangre, estresarse, y muchas veces pierde de vista lo fundamental que es cuidar su salud. Con toda su trayectoria empresarial, es importante que se dé cuenta que **de todo lo que tiene entre manos, a la hora de buscar soluciones para la empresa,**

no hay nada más prioritario que su salud. Tomar distancia, darse tiempo para él y, sobre todo, empezar a darle la mayor importancia a su salud, son parte de los cambios de valores que el fundador de la empresa tendrá que hacer.

Estas modificaciones también implican un cambio para la empresa. Ya no podrá girar exclusivamente en torno a las decisiones del fundador, y paulatinamente tendrá que ir adaptándose, a medida que avance la transición de un liderazgo al otro. Mientras el padre tiene que comenzar a cuidarse más, el hijo está en la plenitud de sus capacidades.

9. Mirar el futuro

Así como la conformación de la empresa del fundador estaba determinada por la resolución en el día a día, **la empresa familiar no puede existir sin una perspectiva de futuro.** La empresa familiar *es* futuro.

El futuro tiene una ventaja y un inconveniente. La ventaja es que no está hecho, y por lo tanto sigue abierto a la posibilidad de que hagamos lo que esté a nuestro alcance para mejorarlo. El inconveniente es que el futuro se nos viene encima.

El tiempo pasa sin esperarnos. Y pasa más rápido cuanto más grandes nos vamos haciendo. La familia construida, la empresa formada, la relación con los hijos, la relación entre los hermanos, todo puede deteriorarse si las cosas toman al fundador por sorpresa, sin haberlo previsto.

Pero también es importante tener la visión de futuro en la relación cotidiana, como guía del vínculo que padre e hijo aspiran tener y de la empresa familiar que quieren ser. Y, más de una vez, será esta fuerte imagen del futuro lo que los rescate de una discusión que se desborda o de una palabra hiriente.

Conviene recordar que **el futuro que queremos lo empezamos hoy.**

Etapas del recambio generacional

1 Previo al ingreso

EMPRENDEDOR

El padre está enfrascado en los asuntos del negocio

El hijo ve la evolución de la empresa

"Que mi hijo ayude con tareas pequeñas a modo de juego"

El hijo admira al padre

OBSERVADOR

2 Ingreso exploratorio

EMPRESARIO

"Que los empleados no crean que tiene privilegios"

"Que valore el trabajo"

"Que empiece desde abajo"

El padre cumple tres roles dentro de la empresa

"No puede ser que hagan las cosas de esta manera"

OPTIMIZADOR

3 Momento de cambio

"No se da cuenta de que lo que se lleva no es solo el sueldo"

"Yo a su edad me quedaba trabajando hasta cualquier hora"

"¿Sigo con mi viejo o me abro?"

"¡Cree que la plata me la regala!"

4 Desarrollo profesional

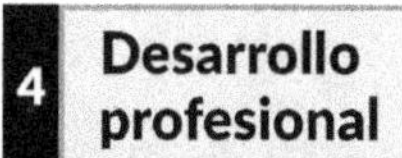

"Puedo probarlo en algo que no me dé miedo delegar"

"Yo lo hubiera hecho diferente, pero lo resolvió bien"

"Quiso meterse, pero cuando le mostré los resultados no abrió la boca"

5 Liderazgo compartido

Consensúa decisiones con su hijo

"Yo no decido solo"

"Tengo que venderle esta idea"

Empieza a ver los números del negocio

Consensúa ideas con su padre

Empiezan a entenderse

6 Nuevo liderazgo

Aconseja pero no decide

Trabajar en la empresa es un pasatiempo

"Mi viejo ya está grande"

Hay un nuevo liderazgo

"Re-funda" la empresa

Tiene un estilo diferente al del padre

Debe rendir cuentas a sus hermanos: ahora es accionista

CAPÍTULO 2

PRIMERA ETAPA: EMPRENDIMIENTO Y FORMACIÓN DE LA EMPRESA

El legado del emprendimiento
La decisión de emprender: creer y tener ganas
La mirada de los hijos
Crecimientos en paralelo

Lecciones del período fundacional
1. La historia de la empresa tiene poder emocional
2. El fundador hizo el emprendimiento para él
3. Los hijos desayunaron como empresarios
4. El techo de los padres es el piso de los hijos

Qué hacer y qué no hacer en el período de formación de la empresa

Algunos ejercicios para la memoria

El legado del emprendimiento

A diferencia de lo que muchas veces se piensa, la memoria no es un fiel reflejo de aquello que pasó sino más bien un acto creativo, uno de los más creativos en el funcionamiento de nuestras mentes.

Facundo Manes[1]

---

1 Manes, Facundo: "Misterios de la memoria". En diario *La Nación*, Buenos Aires, 23 de enero de 2014.

La empresa familiar tiene una historia. Comenzó con el fundador, que la fue haciendo a su estilo hasta llegar el momento en que ingresan los hijos. Pero conviene tener en claro que si bien, vista desde fuera, la historia de la empresa puede ser *una*, los protagonistas que entran a jugar en ese proceso *la vivieron y la perciben de maneras diferentes*.

Reconocer que es así, que se trata de varias visiones de una misma historia, que junto con lo verdadero incluyen mucho "creado" por nuestra memoria, resulta clave para aprovechar el legado de esa etapa del emprendimiento. Como padres, entender cómo vivieron nuestros hijos la formación de la empresa nos va a aportar una mirada más potente para renovar su entusiasmo por la empresa.

La decisión de emprender: creer y tener ganas

Con grandes sueños, suficiente ambición y demasiada ingenuidad, el fundador se lanza a una aventura. Aunque este paso para él es importante, está lejos de dimensionar el alcance que va a tener en su vida. **El emprendimiento no solo lo va a transformar a él, sino que va a impactar en el destino de toda su familia y en el de las siguientes generaciones.**

Quedarse sin trabajo, aprovechar una oportunidad ocasional o querer hacer las cosas a su manera son razones que alcanzan para comenzar.

Piensa, averigua un poco, le "vende" la idea a su pareja y tiene miles de argumentos para explicar por qué es lo más conveniente. Pero lo que no suele decir –y hasta puede ocurrir que ni él mismo sea plenamente consciente de ello– es que empieza porque tiene ganas de hacerlo, esa es su verdadera motivación.

Al principio las presiones son muchas, pero una vez que echa a andar la rueda, hay que hacerla funcionar, cueste lo que cueste. **Superar el período de emprendimiento no es nada fácil.** Este proyecto es vulnerable porque lo que está en juego es su propia supervivencia. Necesita energía inagotable, dedicación, intuición y esfuerzo. Y el fundador se lo brinda.

Estas cualidades no son ni sobrenaturales ni eternas, son el resultado de una disposición de la mente humana tan simple como potente:

creer + tener ganas

Estos dos sentimientos no siempre están juntos. Desear o tener ganas de algo que uno cree que no puede lograr, no motiva. Y, por el contrario, saber que uno puede conseguir algo que no le interesa, tampoco motiva. Pero ambicionar algo que uno cree que puede lograr genera motivación, entusiasmo y energía.

Definitivamente, **el emprendimiento comienza y continúa por decisión del fundador, porque él quiso hacerlo por su propio deseo y realización.**

Más allá de las circunstancias específicas que delinearon la etapa emprendedora, es importante identificar qué significado le da el padre y qué transmite. **Sin duda, la motivación, la confianza en el proyecto y la decisión de realizarlo son el legado más potente que deja el emprendimiento.**

La mirada de los hijos

¿Cómo va a ser fácil cumplir con el consejo de separar la empresa de la familia si se criaron juntas?

Con el emprendimiento, poco a poco la casa va cambiando. La mesa del comedor se va llenando de papeles, el timbre suena más que de costumbre y las cajas se apilan al lado de la puerta. **El negocio y la familia conviven bajo el mismo techo.**

Y mientras el fundador prepara un pedido, negocia más financiación con un proveedor y consulta precios, hay alguien que lo mira desde abajo: es la semilla de la nueva generación. Es que, en la mayoría de los casos, la primera época de la empresa coincide con la crianza de los hijos.

Ellos no tienen más referentes que sus padres, por eso lo viven de manera natural. Saben que tienen que hacer silencio cuando alguien llama por teléfono, que en ese momento al padre o a la madre les cambia la voz y se acostumbran a dormir con el ruido de la impresora junto al televisor. Pero lo que más les encanta es ayudar en algo del negocio, como hacen los grandes. Juegos, trabajo, comidas, celebraciones y hasta algún pariente que colabora se mezclan en su mundo y forman la rutina familiar.

El alma de la empresa inunda su infancia y ellos, como una esponja, lo absorben todo. No aprenden de lo que los padres les dicen sino de lo que los padres hacen.

Entretanto, **el fundador está enfrascado en su proyecto y no se da cuenta de la mirada de los hijos.** No significa que no se ocupe de ellos, que no los proteja y que no les dé el amor que necesitan. Al contrario, los fundadores suelen tener energía para todo.

Aunque en el futuro aparezcan perspectivas diferentes acerca de la empresa, la marca está hecha. **El vínculo emocional con los hijos que desayunaron como empresarios es indeleble.** Y por más que en algún momento las diferencias lleguen a dominar la escena, con ellos **hay un lenguaje común y un conjunto de significados compartidos que cimientan la relación.**

Crecimientos en paralelo

La empresa se va estableciendo y en poco tiempo se traslada a otro lugar. Mientras tanto, los hijos crecen. Ahora no solo escuchan, también participan en las conversaciones acerca de la empresa. Se agrandan si algunas de sus opiniones son consideradas y hasta implementadas por sus padres. Y se indignan, más que sus padres, con algún empleado que ni siquiera conocen. Los hijos defienden a sus padres y los admiran sin condiciones.

Dependiendo del rubro, a veces les cuesta explicar a sus amigos de qué trabajan sus padres. "Hace cosas de computación para las empresas", "Es ingeniero pero trabaja por su cuenta y tiene empleados", "Fabrica cosas para autos"... Es que por más que en la casa se hable de la empresa, nunca escucharon a su padre decir que fuera empresario.

Los hijos perciben claramente un ascenso en la escala social. Se los ve contentos cuando dicen: "Cambiamos el auto", "Nos vamos de vacaciones", "Me regalaron una Play" o "un iPhone". El progreso no solo es algo que les sucede a ellos, es también una muestra palpable de prosperidad ante familiares y amigos.

De tanto en tanto, los hijos aparecen en la empresa. Les gusta ir: los empleados les prestan una atención especial. Pero el impacto más fuerte lo tienen cuando, en las vacaciones o para alguna tarea provisoria, van por primera vez a trabajar de verdad. Ahí está su padre en todo su esplendor. Al ver cómo se maneja, el lugar que ocupa, la forma en que resuelve y el respeto que le tienen, se potencia la admiración que sintieron desde siempre por él.

Es que **el fundador también creció, ya no es un emprendedor. Entre otras cosas, desarrolló las dos cualidades clave para que la empresa llegara hasta allí: el sentido de la relación costo-beneficio y el manejo del poder.** El sentido de la ecuación costo-beneficio significa darse cuenta, ante una decisión, qué es lo más conveniente para el negocio y resolver con acierto y desenvoltura. Y el manejo del poder, independientemente del estilo con que lo ejerza, implica lograr que lo que pida se cumpla.

Para coronar toda esta experiencia, el hijo que realiza su primer trabajo ocasional o eventual en la empresa gana dinero para darse sus gustos. Como la situación es temporal, al poco tiempo se va de la empresa y lo único que tiene es "ganas de ir por más".

Lecciones del período fundacional

1. La historia de la empresa tiene poder emocional

Para los padres

La primera lección, como fundadores, es ser conscientes del poder emocional que tiene la época de formación de la empresa, porque conecta a los hijos con su infancia, con las hazañas compartidas y con esa sensación de progreso del cual ellos fueron partícipes.

Depende de nosotros capturarlo como un legado o transformarlo en un sermón aburrido. Al insistir, por ejemplo, en "el sacrificio que tuvimos que hacer", oscurecemos todo el mensaje. Nos guste o no, para las nuevas generaciones el sacrificio en sí mismo no es un valor. Esa imagen de inmolación les causa rechazo. Y es dudoso determinar si fue realmente un sacrificio o si fueron grandes esfuerzos que, vividos con el entusiasmo y la convicción del emprendedor, tenían mucho de placentero.

Al incluir a los hijos en el relato del emprendimiento, este se vuelve mucho más atractivo. Hacernos cargo con humor de las situaciones insólitas que tuvieron que vivir y reconstruir momentos en los que ellos fueron protagonistas alimenta el poder emocional.

Para los hijos

Como hijos ya adultos podemos diseñar nuestra propia leyenda fundacional, aquella que nos potencie y nos dé ganas de contar a nuestros propios hijos. No se trata de encontrar otros acontecimientos sino de relatar los mismos hechos y las mismas anécdotas que cuenta el resto de la familia desde una perspectiva que nos haga vibrar.

Todos los hijos tenemos algún recuerdo o anécdota que nos emociona, y es bueno conectarnos desde ahí y que, a su vez, nuestros propios hijos vean esa emoción.

2. El fundador hizo el emprendimiento para él

Para los padres

La segunda lección como fundadores es saber que el emprendimiento lo hicimos por nosotros mismos. Porque buscábamos algo que tenía que ver con nuestras aspiraciones y no nos quedamos en el deseo, sino que salimos a construirlo. Y esto no es menor, es el mensaje más poderoso para nuestros hijos.

Cualquier *pase de factura* o recriminación que suene a "Todo lo hicimos por (o para) ustedes" es un autoengaño, que además nos atrapa a nosotros mismos.

¿Por qué decimos eso? ¿Qué queremos lograr? Si pensamos que vamos a conseguir mayor compromiso o que los jóvenes valoren más nuestro trabajo, nos estamos mintiendo y logramos el efecto inverso.

Teníamos otras formas de ganarnos la vida, pero nosotros elegimos ir por más. Si lo que pretendemos es más compromiso de los jóvenes y valoración por nuestra obra, este no es el camino; provoca exactamente el sentimiento contrario. Los hijos no lo dicen pero piensan: "¿Y quién te lo pidió?", "¿Tengo una deuda que pagar?", "Si es una carga que además no elegí, me quita las ganas".

Padres y madres, de cualquier ocupación o clase social, saben que cuidar y mantener a sus hijos es su principal función. Hacen renuncias personales y tratan de brindarles herramientas para su futuro. Desde la madre que semana a semana lleva a su hija desde lejos para que aprenda baile en el Teatro Colón hasta quien ahorra para que siga la universidad. Esto no garantiza nada, ni que llegue a ser bailarina o universitaria. **Son ellos los que van a de-**

cidir qué hacer con las oportunidades que les dieron sus padres. Solo podemos reforzar la vocación de ellos con nuestro entusiasmo, nuestra atención y nuestro reconocimiento.

Para los hijos

Como hijos adultos no tenemos deudas ni obligaciones con nuestros padres en cuanto a nuestro desarrollo profesional. En la época actual sería raro que un joven siguiera abogacía por imposición familiar, para "seguir el legado". Pero en la empresa todavía parece ser un argumento válido.

Reconocer el esfuerzo de nuestros padres, apreciar las oportunidades que nos dieron y valorar su obra es bueno para ellos y mucho más para nosotros.

Es nuestra decisión elegir qué camino tomar.

3. Los hijos desayunaron como empresarios

Para los padres

Como fundadores, debemos saber que los hijos nos vieron hacer la empresa. Escucharon cientos de palabras y opiniones acerca del negocio. Y aunque no fueron testigos de las operaciones del día a día, tienen un entendimiento diferente del de un empleado o una persona que no es empresaria. No es que sepan más, ni técnicamente, ni acerca de la gestión de las funciones principales. **Aunque sean inexpertos, lo que tienen es un sentido natural de cómo se crea valor.** De hecho, son muchos los casos de hijos de empresarios que armaron por su cuenta su propia empresa con éxito. Les tenemos confianza porque son nuestros hijos y quieren lo mejor para la empresa. Tengamos también confianza en su capacidad de hacer negocios.

Para los hijos

Como hijos adultos, confiemos en lo que fuimos "mamando" desde chicos y vayamos más allá de "emprolijar" la empresa y mejorar procesos. Busquemos la manera de generar valor para el negocio, ensayar nuestra capacidad empresaria y medir nuestros resultados.

4. El techo de los padres es el piso de los hijos

Como padres

Cada tanto les recordamos que en nuestra época no había colegio privado, ni vacaciones, ni auto. Queremos que valoren las cosas. Pero tenemos que saber que nuestro techo solo es el piso de nuestros hijos. Aceptar que es así y no pretender que vuelvan a la prehistoria de la empresa, si fuimos nosotros mismos los que los llevamos a este nivel. ¡Por suerte pretenden más!, por suerte lo que a nosotros nos deslumbraba para ellos es natural. Significa que consideran que evolucionar es ir más allá de nuestro techo. Esto no quiere decir que no tengan que ganarse las cosas, quiere decir que la empresa, tal como es, es solo su punto de partida.

Como hijos

Entender que, por más que nosotros queramos mejorar la empresa, porque no es suficiente así como está, para nuestros padres lo logrado quizá representa su máxima aspiración y por eso a veces no entienden que esperemos más. Y admitir que, en nuestra gestión como líderes, más que sacrificio queremos poner inteligencia directiva.

Qué hacer y qué no hacer en el período de formación de la empresa

En esta etapa, cuando los hijos son aún chicos o muy jóvenes, la clave de qué hacer o no hacer está en manos del fundador. Por esa razón, para este momento, las recomendaciones que se pueden formular van dirigidas a los padres.

Como padres, querríamos que nuestros hijos se entusiasmen con la empresa, que desarrollen espíritu empresario, que sean los continuadores y constructores de futuro. El entusiasmo se estimula en gran medida a partir de las experiencias de la adolescencia, cuando empiezan a definir su personalidad y estilo propios, sus maneras de mirar el mundo, sus preferencias, sus vocaciones.

Qué hacer

Ser optimistas. Algunas veces la empresa tiene problemas y es normal que nuestros hijos nos vean preocupados. Lo importante son los mensajes que transmitimos. Decir que no se va a poder hacer *nada* o que determinada persona nos amarga el día son mensajes nefastos, sobre todo si son reiterativos. Los problemas existen. Los hijos van a tener que enfrentarlos. Como padres, hay que transmitir confianza en que vamos a encontrarles la vuelta, a solucionar las cosas, y que los malos momentos van a pasar.

Alentarlos a ganarse el dinero para sus gustos. La experiencia de ganar su propio dinero para algún gusto les da múltiples aprendizajes a los hijos. Aprenden, en carne propia, que para que les den dinero tienen que dar algo de valor. El tiempo y el esfuerzo requeridos les enseñan a usar mejor el dinero y a *saborear* mejor aquello en que lo usan.

Llevarlos al lugar de trabajo de los mayores. Cuando los hijos van a la empresa, ella se les hace más tangible y cercana. Se familiarizan, se entusiasman, son tratados de manera especial y ven a su padre en acción. No se trata, claro está, de "forzarlos" a ir a la empresa, sino de que sus visitas resulten para ellos una experiencia agradable e incluso deseada, ya sea cotidiana o en circunstancias especiales, como por ejemplo llevándolos a algún festejo de fin de año.

Remunerarlos por ayudar. Los hijos que colaboran en la empresa tienen que ver el valor que generan con su ayuda en forma de dinero. Tiene que hacerse palpable de entrada que el trabajo en la empresa tiene un beneficio económico.

Qué no hacer

Hablar de amenazas del contexto sin solución. "En este país nunca se va a poder salir adelante… Con la carga impositiva que tenemos es imposible ganar plata…" Machacar permanentemente en lo que no podemos controlar no es un mensaje válido para un futuro empresario. La clave del espíritu emprendedor es enfocarse en lo que se puede hacer con las reglas de juego tal como están dadas.

Darles gustos excesivos sin que los paguen. Cuando hacemos esto, los hijos pierden sensibilidad sobre el valor de las cosas, no diferencian lo que cuesta un poco de lo que cuesta mucho, y años más tarde nos vamos a estar quejando de que no saben valorar nada.

Que ayuden sin remunerarlos por lo que hicieron. Si les pedimos a nuestros hijos alguna ayuda para la empresa y no les pagamos por hacerlo estamos mezclando lo que después vamos a querer separar.

Quejarse todo el tiempo de la empresa y de la gente que trabaja en ella. Es uno de los principales motivos por los que a los hijos no les interesa la empresa. ¿Por qué van a aspirar a una vida llena de problemas y disgustos como la que *sufre* su padre?

Algunos ejercicios para la memoria

Para el padre

Intente recordar algún momento en que sus hijos, cuando eran chicos, lo ayudaron con esfuerzo en algo que era importante para el negocio. Trate de rescatar alguna situación insólita que les haya generado, en su momento, convivir con el emprendimiento. Hábleles desde ese lugar, busque el lado divertido de algún hecho, hágales recordar la historia.

Para el hijo

Haga un poco de memoria y recuerde anécdotas o percepciones que tenía de chico acerca del negocio de sus padres. Trate de acordarse de cuando iba a la empresa. ¿Cómo se sentía? ¿Qué le llamaba la atención? Cuénteles a sus propios hijos historias de cuando era chico relacionadas con la empresa.

CAPÍTULO 3

SEGUNDA ETAPA: INGRESO DE LOS HIJOS

¿Cómo entran los hijos a la empresa?
"Estudias o trabajas..."
"Trabajo y estudio"
El hijo graduado
"¿Y si vienes a trabajar conmigo?"
"Me gustaría tenerte en la empresa"

Primeras épocas del hijo en la empresa
La empresa a la medida del padre
Tres inquietudes de los padres
Función optimizadora
El hijo no es uno más

Lecciones del período de iniciación
1. La oportunidad de explorar
2. Motivación y vínculo emocional con la empresa
3. Cuidar al personal clave

Qué hacer y qué no hacer en el período de ingreso de los hijos a la empresa

¿Cómo entran los hijos a la empresa?

Por más que los especialistas en empresas familiares sugieran que los hijos tendrían que desarrollar una experiencia de trabajo fuera antes de ingresar a la empresa, esto en general no sucede con los hijos del fundador, porque todavía no existen pautas de ingreso, como en cambio las hay para las siguientes generaciones. **En la mayoría de los casos, el ingreso es una respuesta ante alguna dificultad de los hijos, o bien surge de una manera natural como un aumento gradual de su presencia en el negocio.**

Aunque los hijos, cuando tienen alrededor de 20 años, crean que el mundo es blanco o negro y que las decisiones son definitivas, en esa etapa de sus vidas casi todo es transitorio. Planear el futuro sobre una realidad que puede ser circunstancial sería escribir un final cerrado para una etapa de la vida de los hijos que es puramente exploratoria.

Más allá de las razones y la manera en que se incorporan, en general coincide con un período que media entre la salida de la adolescencia y la adultez temprana. Son jóvenes. El mundo está por descubrirse. La capacidad física y la velocidad mental están en su punto máximo. Tienen sueños, ganas de aprender y están ansiosos por probarse a sí mismos.

En esos años, los hijos van haciendo elecciones, buscando su identidad y explorando nuevos territorios. Lo más importante es que entran casi niños a esta etapa y la sociedad espera de ellos que la terminen con determinados signos de adultez, como irse de la casa de los padres, ganarse la vida, tener una actividad que aporte, formar una pareja e iniciar su propia familia.

Dependerá de sus propias elecciones y de cuánto lo ayuden sus padres en el proceso que puedan superar los desafíos de este período perfilándose como **personas autónomas y protagonistas**, o que la solución de ingresar a la empresa haya sido una muleta provisoria que termine anulando su verdadero potencial de por vida.

Las situaciones más frecuentes por las cuales se produce el ingreso del hijo a la empresa son:

- Abandona los estudios y se le exige trabajar (en la empresa).
- Trabaja en la empresa mientras estudia, hasta que en algún momento se encuentra trabajando *full time.*
- Empieza a trabajar luego de terminar la universidad.
- Se queda sin trabajo y se le ofrece ingresar para aliviar el trance.
- Trabaja fuera de la empresa y se le ofrece ingresar para continuar el negocio familiar.

"Estudias o trabajas..."

El hijo empieza una carrera, quizá prueba con otra, sin mostrar compromiso con ninguna. Los padres lo notan y le advierten que, si no estudia y no avanza, tiene que trabajar. Luego de reiteradas advertencias se cumple el ultimátum de estudiar o trabajar: tiene que presentarse en la empresa al día siguiente. **Esto, que para los padres significa un castigo, para el hijo es un alivio.** Por fin blanquea, de una vez por todas, que no quiere estudiar. El ingreso a la empresa no es una decisión explícita ni del hijo ni del padre, en el sentido de que sea un continuador del negocio. Es una medida momentánea para remediar las circunstancias.

"Trabajo y estudio"

Aunque el ingreso es gradual, la situación es similar a la anterior, con la gran diferencia de que es el impulso del hijo lo que la define. A medida que se fue metiendo en el negocio, fue descubriendo su propia capacidad de logro.

Y es tan poderosa la sensación interior que le genera que, frente a eso, las clases de la universidad le resultan teóricas y vacías de contenido. La experiencia de poner a prueba sus propias posibilidades e ir alcanzando lo que se propone, lo cautiva. **Mientras en la empresa puede tener logros, en la universidad solo estaba cumpliendo.** Se va quedando a trabajar con mayor frecuencia y puede llegar a dejar los estudios.

El hijo graduado

En este caso suele haber un fuerte mandato familiar de toda la vida acerca del estudio como la vía más valiosa para el desarrollo profesional. No porque los padres le hubieran dicho: "Primero hay que terminar la facultad y después empezar en la empresa", sino que el estudio está visto como la base más importante para la vida. En muchos casos, los padres son profesionales y el estudio les ha abierto caminos y brindado satisfacción personal. Generalmente, los hijos de empresarios profesionales también son profesionales.

"¿Y si vienes a trabajar conmigo?"

El hijo comienza a trabajar directamente en otra empresa. Realiza cierto desarrollo de su carrera laboral o profesional y, probablemente, llega a tener una evolución económica; pero en algún momento se queda sin trabajo, más allá de cuáles sean las causas y circunstancias.

Esto no deja de ser un golpe emocional y, por supuesto, un problema económico, mayor todavía si ya se tienen compromisos familiares. Al padre le duele ver a su hijo en esa situación y le ofrece trabajar en el negocio. Aunque la empresa, en este caso, estaría actuando como un salvavidas, si antes el hijo llegó a tener una experiencia laboral consistente y tuvo méritos como empleado, lo encuentra mucho mejor "parado" para desarrollarse en el negocio familiar que en los casos de quienes nunca trabajaron afuera.

"Me gustaría tenerte en la empresa"

En algún momento, el padre empieza a tener conciencia del paso del tiempo, al no tener continuador, conversa con el hijo para plantearle la alternativa. Aquí sí hay decisión y alguna negociación previa entre ambas partes. El hijo empieza como potencial sucesor.

Como vemos, **en la mayoría de los casos son las circunstancias, y sobre todo la necesidad del padre por aliviar las dificultades de los hijos, las que terminan resolviendo** por ellos. Luego, en el transcurso de la convivencia, será la suma de las pequeñas decisiones del día a día lo que perfile la relación y determine su futuro desarrollo profesional dentro o fuera de la empresa.

Primeras épocas del hijo en la empresa

La empresa a la medida del padre

Cuando un hijo ingresa al negocio, la empresa ya tiene un largo recorrido hecho. Eso, que él ve como algo dado, en realidad es la suma de pequeñas victorias y grandes esfuerzos. Es la obra del fundador y, como es lógico, la hizo *a su manera*. La necesidad de supervivencia de los primeros tiempos, sumada al rol de principal sostén económico de su familia, lo hizo desarrollar cualidades para llevarla adelante. Obligado a manejar el poder y tomar decisiones según la conveniencia para el negocio, su personalidad y la identidad de la empresa se configuraron con estos signos.

La empresa es un ser creado por él, es una extensión de sí mismo. Es como un hijo creado por él y, si se lo llegan

a tocar, reacciona como padre. Llegar hasta donde está le llevó noches sin dormir, decisiones en soledad y momentos en que no podía dejar de pensar cómo salir adelante.

El territorio en el que desembarcan los hijos está en pleno funcionamiento. Tiene conocimientos y mecanismos para generar los productos o servicios, tiene continuidad de clientes y estabilidad.

La época de ingreso de los hijos encuentra al fundador como centro de las decisiones, con un conjunto de empleados clave que le consultan cada asunto relacionado con su gestión. Es una estructura de funciones donde quienes están a su alrededor cumplen con alguna especialidad del negocio. Son personas que comparten muchos de sus valores, más motivadas por la aprobación o desaprobación del fundador que por los resultados de la empresa. Saben que esto es lo determinante, y por más que disientan abiertamente en algún tema, no tienen dudas de que lo que piensa el fundador es categórico. Es un juego complementario en el que el empresario necesitó manejar el poder y tener bajo control cada cuestión del negocio, y los empleados, a su vez, se desarrollaron bajo su liderazgo y fueron abandonando sus disidencias. Son personas grandes con edades cercanas a la de él.

Más allá del funcionamiento, los clientes y la trayectoria, lo que tiene la organización es una particular manera de hacer las cosas. Es la expresión de la lógica del empresario.

Él es el único que tiene el panorama completo de la empresa. La tiene encarnada. El stock está escaneado en su retina, sabe cuánto dinero tiene en la calle y si al cliente hay que hacerle un descuento o plantarse firme. Todo lo sabe y lo maneja.

¿Es una empresa perfecta? No. Lejos de ser la empresa de un libro de administración, es una realidad particular y única que funciona con él como motor. En este territorio se incorporan los hijos.

Tres inquietudes de los padres

Como esta es la primera experiencia de ingreso de un hijo, por más que no haya un modelo formal para encuadrarlo, hay suposiciones del padre que guían la manera de hacerlo. Más adelante él mismo irá modificando su perspectiva, pero en este momento tiene algunas creencias firmes.

Aunque no sepa cuánto tiempo va a estar su hijo ni cuál es el futuro de esta prueba, hay tres principios imperiosos que quiere asegurar:

1. Que sepa valorar el trabajo.
2. Que ante la mirada de los empleados no se perciban preferencias.
3. Que aprenda todas las operaciones como aprendió él.

Para cumplir con estos requisitos no hay chance de empezar de otra forma que no sea desde abajo. Y es así como este joven, ansioso por llevar adelante sus ideas y proyectos, empieza organizando archivos, ordenando el depósito o completando datos de clientes. Tareas aburridas, que nadie quiere o tiene tiempo para hacer. El hijo siente que aunque no tengan impacto en la empresa, ellas le dan la oportunidad para demostrarle a su padre lo bien que las ejecuta.

Al principio el hijo va conociendo el estilo de la empresa mientras trabaja. Dependiendo de su personalidad, su trayectoria anterior y su edad, las situaciones se pueden desencadenar más tarde o más temprano, pero las diferencias aparecen.

El hijo mira, se esfuerza, descubre muchas cosas que se pueden mejorar y va elaborando sus propios puntos de vista. En las conversaciones con el padre, opina, como antes lo hacía en la mesa familiar; comenta lo que deberían hacer los empleados y cuestiona el desempeño de alguno. El padre lo alienta hasta que en algún momento disiente, discuten y le hace ver que sus ideas son impracticables. Al hijo le afecta la desaprobación de su padre, y ve que tiene argumentos mezclados para justificar cualquier tema. Es que, en realidad, por primera vez el padre tiene que explicar decisiones que aunque no siempre puedan definirse son convenientes para la empresa.

Más allá de estas diferencias, para el padre trabajar con el hijo tiene sus ventajas. Ante todo, la confianza. Pero a eso se le suman otras situaciones que no estaban previstas. Por ejemplo, si surge alguna necesidad ocasional que requiere trabajar más o se pasa por un momento financiero difícil y están con lo justo para los sueldos, con él no va a haber problemas.

La función optimizadora

Es probable que se enfrente con algún empleado que para el padre es clave y que para el hijo es un inoperante. Frente a esta discusión, toda la familia termina opinando y, lo que era el reinado del padre, no solo es lesionado sino cuestionado.

Con el insistente propósito de que conozca la empresa, valore el trabajo y no tenga privilegios, el padre le sigue encargando tareas que no son sustanciales. Lo interesante es que, a pesar de que el hijo sabe que son de menor relevancia, en esta fase descubre una auténtica misión: la de auditor. Detrás de la fachada importante de la empresa hay un sinnúmero de errores y cosas mal hechas: operaciones desorganizadas, procesos desprolijos, corridas a último momento, gastos innecesarios y gente que hace lo que quiere. Todo lo que ve es la antítesis de lo que debería ser una empresa y se propone mejorarlo, de ahí que se llame *etapa optimizadora.*

No se necesita ser adivino para darse cuenta de que lo que al principio eran opiniones deriva en una constante crítica a su padre como autor de lo que pasa.

Cada vez que encuentra algo que está mal, lo interrumpe para decirle:

"Esto no puede pasar…"
"No puede ser que…"
"Mira lo que está haciendo Fulano…"
"Para hacer las cosas bien tendríamos que…"
"¿Cómo permites que…?"

Su padre, en cambio, seguramente piensa sobre esta actitud del hijo: "No se da cuenta de que una cosa es opinar y otra es decidir, todavía no tiene idea de cómo funcionan las cosas y ya quiere mandar". El hijo, por su parte, considera que el padre se mete en todo, que dice una cosa y hace otra, que no es justo que tolere ciertas situaciones.

Esta misión optimizadora, de detectar lo que está mal y plantear caminos para mejorarlo, le calza justo a su edad y su posición. En efecto, está en una edad en la que todo es blanco o negro, y en un lugar que no es el de decidir sino el de aprender y evaluar.

Cuando se empieza en una empresa que funciona, sin tener la dimensión completa de la multiplicidad de factores que intervienen para ganar dinero, es difícil valorarla. Aunque en la trastienda haya fallas, la empresa funciona y es rentable.

El padre sabe que las cosas no son perfectas, pero también sabe que auditar no es gobernar y que su hijo está muy *verde.* Incluso, muchas veces se enorgullece con esta búsqueda de mejoras que plantea el hijo, y hasta le gusta que lo juzgue porque se parece a él. Él mismo, cuando formó su propia empresa, cuestionaba lo que hacían mal los otros. Por eso quiso hacerla a su manera.

La dueña de una empresa comercializadora de repuestos de automotores vino a la consulta con el problema de que su hijo, a quien veía muy capaz para conducir la empresa en el futuro, era muy resistido por los empleados. Sobre todo por el equipo de ventas, que era clave para el negocio.

Cuando le preguntamos acerca de las tareas del hijo, quien llevaba solo seis meses en la empresa, nos respondió que desempeñaba una función de auditor. Nos comentó que "de entrada" lo vio con capacidad natural para eso, y que a la empresa le calzaba perfecto porque lo que se necesitaba era mayor control.

No es difícil entender por qué era rechazado por los empleados, ¡y nada menos que por los vendedores!

Desde esa función, la madre potenció la actitud crítica natural que tienen los jóvenes, y lo expuso prematuramente a una situación muy difícil de conseguir en la segunda generación: autoridad y liderazgo frente a los empleados.

Generalmente, al empresario no le preocupa demasiado la prolijidad de los procesos; está ocupado haciendo funcionar el negocio. Y mientras el hijo siga en este oficio fiscalizador, no corre el riesgo de que rompa ingredientes de valor para la empresa.

La otra cara de la moneda es que al hijo le hace bien juzgar y comparar lo que es con lo que cree que debería ser. De esta forma va gestando su propio modelo de empresa, más allá de las verdades del padre.

La trampa de la misión optimizadora es quedarse pegado a ella. Sabemos que en la vida y en la empresa no se puede ser juez y parte. Si se prolonga este estado de cosas, **el hijo corre el riesgo de quedarse adentro mirando desde afuera.**

El hijo no es uno más

La función mejoradora de los hijos se despliega independientemente de factores como edad, formación o experiencia anterior. Sin embargo, a la hora de establecer vínculos con el personal, según sean los atributos de liderazgo con que ingresa, la relación va a ser diferente en cada caso.

Si ingresa muy joven, es su primer trabajo y comienza haciendo tareas de cadete, es muy probable que los empleados lo reciban con una actitud paternal. Lo conocían desde chico y tenían un vínculo de afecto. Al principio tratan de ayudarlo con lo que les pide, aunque, como la mayor parte de las veces son requerimientos insustanciales, se olvidan o lo dejan para otro momento. Son cordiales pero están ocupados y es difícil que el joven obtenga mucho de ellos. Por más que los empleados no lo ven como una amenaza, claramente no hablan de las mismas cosas cuando están con él.

Como la necesidad de pertenencia es inherente a todas las personas, él busca acercarse, mostrarse como uno más, y seguramente con la convivencia de los días se va generando un vínculo. El almuerzo y las pausas para conversar son indicadores del grado de cercanía que tienen. Con ellos comparte momentos divertidos y otros incómodos. Si se acerca demasiado, se encuentra en medio de conversaciones que le exigen resolver su respuesta: hacerse el distraído, retirarse o involucrarse. Lo mismo le sucede frente a mínimas transgresiones del grupo. En su casa solo cuenta lo que le parece relevante.

El hijo que, en cambio, ingresa con más edad, viene con un título y ya tiene pasta de líder; también tiene necesidad de pertenencia y busca acercarse, aunque desde una posición más fuerte. Tampoco lo ven como una amenaza porque el que manda es el padre. Lo que sucede en este caso es que, como los pedidos son más imperativos, a los empleados les molestan más. Si el hijo no es cuidadoso con sus formas, inevitablemente habrá problemas. Los hechos que más lo exponen son las desautorizaciones de jerarquías o las críticas a actuaciones que el empleado realizó simplemente porque el padre le dijo que lo hiciera de esa manera. Estos sucesos hacen que haya que volver atrás, que el padre le "marque la cancha", y que luego haya que esforzarse para reconstituir su imagen.

Aunque los casos sean distintos y las formas de conectarse también, el hecho de que es el hijo del dueño es indiscutible y matiza toda la relación. En una empresa conducida por el fundador, la lealtad hacia el padre y la adhesión de los empleados de la primera hora son particularmente fuertes. Para ellos, el hijo no solo es especial, sino que le tienen afecto genuino. Lo más importante a destacar de esta relación es un aspecto muy sutil: los empleados lo usan como vehículo hacia el padre. Dicho de otro modo: le hablan al empresario a través de lo que directa o indirectamente comentan delante del hijo. Si la conexión que logran es positiva, le transmiten los cambios que quisieran realizar, las ideas que tienen, los errores que cometen o incluso las frustraciones que no le dicen abiertamente al fundador. Si por el contrario, la relación es tirante y competitiva, también lo usan como vehículo, pero para mostrarle a través de indirectas o reacciones sarcásticas las contradicciones que tienen con el padre.

Es importante que el hijo tenga su propio reconocimiento de este papel. Y que ante algún comentario desubicado pueda responder: "Eso tendrías que conversarlo con mi padre y no conmigo".

Lecciones del período de iniciación

1. La oportunidad de explorar

Esta etapa del inicio es un período exploratorio para el hijo, no una formación como futuro sucesor, algo que tanto él como el padre deben tener presente.

Para los padres

Los hijos son muy jóvenes, están en un período de búsqueda de identidad vocacional y profesional. **En esta etapa no hay que pensar en el hijo como en un futuro sucesor. La empresa es el ámbito para que, mientras va abordando tareas y resolviéndolas, pueda ir descubriendo sus propias habilidades, intereses y actitudes.**

Cuando van ingresando varios hijos, lo que toman son áreas vacantes, y es importante no confundir eso que les damos con las verdaderas aptitudes de cada uno.

Como padres, es importante ir observando cómo resuelve, en qué aspectos aprende más rápido, qué habilidades naturales nos llaman la atención, en qué situaciones parece estar más a gusto y qué rechaza. Y en función de sus habilidades y preferencias, ir brindándole los escenarios más adecuados para que pueda expandir su potencial.

Para los hijos

Trabajar en la empresa familiar es una interesante oportunidad. La empresa es un laboratorio de autodescubrimiento para comenzar nuestra búsqueda vocacional. Aunque tengamos *hambre* de hacer grandes cosas y modificarlo todo, estamos lejos de tener la experiencia que ha logrado nuestro padre.

Nuestro viaje de desarrollo profesional se irá conformando a través de muchos pasos, pero el que verdaderamente importa es el que damos en cada momento. En la medida en que nos enfoquemos en ir resolviendo las cuestiones cotidianas que tenemos entre manos, mayor conocimiento de nosotros mismos y más capacidad para aprender vamos a tener. Los mayores desafíos están en el día a día. Es una oportunidad para observarnos y darnos cuenta de qué nos interesa y qué dones naturales tenemos. Si podemos aceptar esto como una etapa necesaria de aprendizaje y descubrimiento, los siguientes pasos se van a ir mostrando naturalmente a medida que avancemos.

2. Motivación y vínculo emocional con la empresa

Para los padres

La aceptación de que se trata de una etapa exploratoria nos permite calmar nuestras expectativas sobre el *futuro sucesor* y moderar nuestra exigencia de que actúe como empresario. Al estar libres del resultado de esta etapa, nos transformamos en mejores mentores de nuestro hijo. Por otra parte, tenemos que aprender a tratarlo como una persona que está en camino a la adultez, que aun con los errores que comete, **ya no es un niño que está en casa y al que podemos retar en público.**

Más allá de las posibilidades de continuidad, **lo más importante de este momento es que los hijos tengan una buena experiencia en la empresa respecto de su propio valor.** Por eso tenemos que evitar hacer comentarios que los desmotiven. Reproches, quejas, intolerancia ante los errores o descalificaciones son desmotivadores y entorpecen la relación. Es fundamental darles feedback y reconocimiento por lo que consiguen, para que ellos mismos puedan percibir sus propios logros.

Para los hijos

Aunque no es fácil, cuanto más podamos olvidarnos de demostrar nuestra capacidad y concentrarnos en la tarea que nos toca desempeñar, con mayor seguridad vamos a poder manejarla y más satisfacción vamos a sentir mientras la hacemos. **Querer demostrar lo que somos nos quita foco y energía para crear valor.** Estamos comenzando, estamos probando, necesitamos tiempo de aprendizaje y no es efectivo exigir ni exigirnos perfección.

3. Cuidar al personal clave

El personal clave son las personas que aportan valor directo al negocio. Por su historia en la empresa, por su experiencia y por sus propias capacidades, tienen un conocimiento único que no es fácil reemplazar.

Para los padres

Es lógico que nuestro hijo, que más de una vez nos escuchó en la mesa familiar criticar a algún empleado, tenga sus propios reparos hacia esa persona. Sin embargo, si nos faltó recalcarle lo importante que ese empleado es para el negocio por el valor que genera, es hora de hacerlo para evitar enfrentamientos y roces que nos podrían hacer perder al empleado o su interés por su función, lo cual sería un derroche aún mayor que su renuncia.

Hay que cuidar a nuestro hijo y al empleado, y la mejor manera es "marcándole la cancha" a aquel para que no rompa un engranaje de valor.

Para los hijos

Una buena manera de pensar acerca de los empleados clave de la empresa es tomarlos como el clima, como el tráfico o, mejor aún, como las cartas que nos tocaron en esta mano. Es decir, como algo que no podemos cambiar por más rabia que nos dé o por más fuerza que hagamos. Tanto la rabia como la fuerza empeoran las cosas. Otra buena metáfora es transformarnos imaginariamente por unos momentos en su abogado defensor, para entenderlo y dejar caer nuestros juicios, que son los que se interponen permanentemente en la relación.

Saber que de ninguna manera podemos hacer que los echen y que forman parte de la realidad con la que nos toca actuar va a permitirnos realizar acciones mucho más efectivas para contar con su apoyo y su capacidad a la hora de generar valor.

Qué hacer y qué no hacer en el período de ingreso de los hijos a la empresa

Qué hacer

Como padres

Adecuar nuestras exigencias a sus posibilidades. Nuestros hijos están comenzando su experiencia laboral y/o profesional, y sus capacidades, conocimientos y habilidades sociales (lo que se llama corrientemente *tener calle*) aún están en desarrollo. Si no tomamos en cuenta esto, corremos dos riesgos: actuar como si *ya* tuviesen que saber todo lo que nos llevó una vida aprender; o, por el contrario, creer que siguen siendo niños. La adecuación de nuestras exigencias no es sencilla; no deben exceder sus posibilidades, pero tampoco estar por debajo de ellas.

Saber que nuestros hijos son especiales. Un hijo en la empresa no es un "empleado más", incluso cuando las funciones que le asignemos inicialmente sean de poca exigencia o relevancia. Debemos ser conscientes de que no lo es, y que incluso los empleados no lo ven así. La confianza que podemos tener con nuestros hijos es el principal factor que marca la diferencia.

Como hijos

Aprovechar la oportunidad de aprendizaje y desarrollo. Reconocer que estamos en un período de aprendizaje y desarrollo de nuestras capacidades nos permitirá sacarle el mayor provecho en todo sentido. Sobre todo, para descubrir en nosotros mismos si nuestro desarrollo futuro y nuestras aspiraciones pasan por continuar la empresa familiar o si nuestra vocación nos lleva hacia otros rumbos.

Responder a la confianza depositada en nosotros. Debemos ser conscientes de que nuestros padres depositan en nosotros una confianza personal muy distinta de la que puedan tener con el más confiable de sus empleados. La confianza se construye de a dos.

Para padres e hijos

Ritual de iniciación a los 18 años. Un recurso clave es tener una conversación con cada uno de los hijos cuando tienen alrededor de 18 años, con características de ritual; es decir, en un entorno particular y con algún objeto simbólico que sea recordatorio del momento. En esta conversación, lo más importante es que el padre haga la siguiente declaración explícita al hijo:

> **Tu futuro económico depende de vos,**
>
> **y en nada depende de mí.**

Esto no solo es importante como mensaje para el hijo sino para el padre, ya que, **al expresarlo, el padre se lo dice a sí mismo. Al hijo lo coloca en una situación de autonomía y protagonismo frente a su destino económico,** le transmite que sus posibilidades tendrán que ver con su desarrollo y sus logros profesionales y no con la empresa. **El padre, al decirlo, evita la tentación más frecuente en la empresa familiar, que es la de que el negocio se haga cargo de las necesidades económicas de los hijos.**

Qué no hacer

Como padres

Retribuir a nuestros hijos por encima de lo que merecen. Que nuestros hijos no sean "un empleado más" no significa que su retribución económica se guíe por pautas distintas de las del resto del personal. También para ellos rige el criterio general aplicado al pago de salarios y honorarios: su aporte a la generación de valor de la empresa.

Hacer que su economía dependa de nosotros. El hijo que trabaja en la empresa es una persona adulta o en tránsito a la adultez, que se gana la vida con su esfuerzo. Confundir su retribución con el dinero que le dábamos para sus gastos cuando era chico sería no aceptar su crecimiento como persona y es contraproducente para su desarrollo futuro.

Como hijos

Creernos un empleado más. No lo somos, ni para nuestros padres ni para los empleados de la empresa. Incluso en la eventualidad de que no veamos que nuestro proyecto personal sea, en el futuro, continuar en la empresa como su líder, la realidad presente es que nuestra posición en ella es particular.

Creernos el dueño o el líder de la empresa. El error contrario, el de creer que por ser hijos del empresario somos de alguna manera también "dueños" o "líderes" de ella, lleva a innumerables cortocircuitos, con nuestro padre, con los empleados, con nuestro propio desarrollo laboral, profesional e, incluso, como futuros líderes. La primera en sufrir por esos cortocircuitos es la empresa, pero sus alcances pueden llegar a afectar las relaciones personales y familiares.

Para padres e hijos

Hijos sin un lugar especial. Se debe evitar que el hijo que ingresa a la empresa no tenga una función propia en ella. Como todo empleado, debe tener tareas asignadas que hagan a las necesidades de la empresa —aun cuando al principio puedan no ser de mucha relevancia— y que puedan ser evaluadas. Solo así se podrá valorar su desempeño, descubrir sus capacidades y sus puntos flojos, para su mejor desarrollo.

Sin duda, en este aspecto la principal responsabilidad corresponde al padre, que como líder de la empresa es quien decide; pero también le corresponde al hijo proponer, proactivamente, un lugar que esté a la altura de sus posibilidades.

TERCERA ETAPA: DESARROLLO PROFESIONAL

De optimizadores a desarrolladores
Se agotó una etapa
Nuevas necesidades
Cuatro señales de que hay que cambiar

Desarrollo profesional de los hijos
Tres hitos en su trayectoria empresaria
Autonomía, mérito y motivación
¿Por qué encarar el desarrollo profesional de los hijos?
Las dos cualidades principales que se necesita desarrollar
Claves para el desarrollo profesional

Una función de negocio para entrenarse
Una baldosa para el hijo: características y condiciones
Resistencia y sabotaje del padre
Jugar en una baldosa

Lecciones del período de desarrollo profesional
1. La clave es ajustar la proporción del desafío
2. El error no es fracaso, es información
3. La autonomía está en primer lugar

Qué hacer y qué no hacer en el desarrollo profesional de los hijos

De optimizadores a desarrolladores

Los hijos al principio tienen expectativas de cambiar cosas. Le entregan mucho a la empresa, pero **con el tiempo pierden la esperanza de que algo se modifique y sienten que todo siempre va a ser mérito de los mayores.** Se les va erosionando el ánimo. La etapa en que pueden actuar como optimizadores se agota y aparecen síntomas de que es necesario que cambien de rol.

Se agotó una etapa

Su actitud optimizadora fue una manera de diferenciarse y demostrar que podían hacer que las cosas estuvieran mejor gracias a ellos; pero si esto se prolonga demasiado es un callejón sin salida, la motivación no se va a sostener en el tiempo. Querer mejorar permanentemente es una manera de resistirse a lo que es y, si bien hay cambios que son convenientes, esto a la larga termina fastidiando, porque no se genera valor real, solo se corrige lo que hay.

Por otra parte, los padres insisten en que los hijos reconozcan el valor del esfuerzo y les da enojo cuando ven que los hijos no tienen el compromiso y el empuje que tenían ellos.

Cuando el entusiasmo inicial decae, es una señal de que la actitud crítica del hijo y su función optimizadora constituyen solo una etapa que se está desgastando y hay que superarla.

El hijo no va a evolucionar profesionalmente detectando y criticando lo que no funciona. Hay muchas cosas que no funcionan pero que no merecen atención. Es necesario dejar atrás la mirada crítica y las tareas optimizadoras y plantearse un propósito que sea de valor. Valor para los clientes o para alguna función del negocio.

Nuevas necesidades

El mercado, los clientes, los insumos, los productos y las tecnologías cambian permanentemente. Si una empresa no tiene capacidad de actualización, decisión y desarrollo, se agota.

Con el tiempo aparece la necesidad de transformar a los hijos en líderes, en personas que puedan crear algo nuevo.

Cuando la empresa depende mucho del dueño, el problema es la sustentabilidad, porque ante cualquier dificultad grave, como muerte o enfermedad, si los hijos no están preparados toda la empresa corre el riesgo de desaparecer.

Hace años veníamos trabajando con un empresario, muy capaz, dueño de una cadena de locales de ropa. Ya tenía dos hijos que trabajaban en la empresa y estábamos dedicándonos plenamente a su desarrollo profesional.

Un día, nuestro cliente nos comentó que había empezado con algunas molestias menores de salud y estaba haciéndose un chequeo. En pocos días le diagnosticaron una enfermedad terminal que avanzó muy rápido, y a los dos meses falleció.

Una historia dolorosa que es parte de la vida y nos dejó no solo un recuerdo especial, sino también el legado de apoyar más que nunca a sus hijos.

Luego de cuatro años, seguimos trabajando con ellos. Actualmente uno de sus hijos lidera la empresa, con un estilo diferente al del padre, pero con tanta potencia y capacidad como él. Con la diferencia de que, por la necesidad urgente de entender todo el negocio, desarrolló mapas simples y efectivos para conocer la situación en cada momento, que le dieron una perspectiva superadora con respecto a la del padre y le permitieron llevar la empresa a un nivel de mayor dominio y rentabilidad.

Para darse cuenta de cuánto depende la empresa del fundador es útil hacerse la siguiente pregunta: si alguien quisiera comprar nuestra empresa, ¿qué tan atractiva sería para ese posible comprador? Un negocio puede ser rentable justamente porque lo gestiona su dueño, y el mayor potencial de negocio está en él. Pero cuando la capacidad de negocio está en la empresa y no en una persona, su valor potencial se multiplica.

Por eso, una manera efectiva de plantear la necesidad de liderazgo sustentable de una empresa es tomar como guía que **todo lo que hace a una empresa más atractiva para la compra también la hace más valiosa en sí misma**.

Cuatro señales de que hay que cambiar

Hay cuatro señales claras que indican que la etapa optimizadora está agotada y hay que hacer algo diferente en lo que tiene que ver con el desarrollo del hijo:

1. Cuando el hijo se va de la casa y comienza a vivir solo. Es un símbolo de su capacidad de manejarse con autonomía.
2. Cuando se advierte en él una pérdida de motivación. La motivación no es una cuestión de voluntad; continuar con lo mismo de la misma manera no va a hacer que aumente el estímulo.
3. La impotencia del padre ante la falta de interés de los hijos es la tercera señal. Cuando siente que no tienen pasión, que faltan o llegan tarde, y los compara con él mismo, que se quedaba trabajando hasta cualquier hora. **Si el fundador pretende que los empleados tengan la camiseta puesta, con el hijo querría que la tuviera tatuada.**
4. Cuando el hijo lleva más de cinco años trabajando formalmente en la empresa. Ya conoce los criterios, la cultura y las operaciones, por lo cual puede tomar decisiones con autonomía en una función adecuadamente encuadrada.

Desarrollo profesional de los hijos

Cuando se observan esas señales, hay que pasar a otra etapa.

En este punto, es conveniente que, antes de seguir leyendo, la generación fundacional haga el siguiente ejercicio.

Tres hitos en su trayectoria empresaria

1. Indique el año aproximado en que usted inició el negocio.
2. Indique el año en que ingresó formalmente su primer hijo.
3. Identifique tres acontecimientos, desde el comienzo de la empresa hasta el momento en que ingresó el primer hijo, que hayan sido significativos para el desarrollo del negocio. Tres hitos que hayan sido determinantes para que la empresa llegara hasta donde actualmente está.
4. Advierta la importancia de esos tres acontecimientos en su propia motivación posterior y en su entusiasmo por el negocio.

Esos tres acontecimientos que usted identificó tienen que ver con su propio mérito, están vivos en cada proyecto que planea, en cada mañana que viaja a la empresa. Su hijo no los tiene, no tiene logros ni hitos. No tiene, en su trayectoria en la empresa, decisiones que hayan hecho historia. **Todo es mérito suyo como fundador. Incluso todo lo que aporte su hijo va a parar al monumento del fundador. Esta es la causa por la que no está motivado.**

Autonomía, mérito y motivación

Criar hijos que decidan y se valgan por sí mismos es una de las principales funciones educativas de los padres. Si los amigos de nuestro hijo, de su misma edad, trabajan fuera de su familia y se ganan la vida por sí mismos, mientras nuestro hijo trabaja con nosotros, es mucho más importante asegurar que tenga autonomía y logros propios.

Como fundador, el padre es un ejemplo de autonomía para los hijos, pero a la vez tiene un estilo controlador en la conducción de la empresa que no favorece el surgimiento de un nuevo liderazgo. **Para que el hijo también tenga autonomía, el fundador tiene que encauzar su modalidad de control**, y en ese sentido, con el hijo, tiene un punto fuerte a favor: la confianza.

Con autonomía y mérito, la motivación surgirá sola como una consecuencia inseparable. Lograr lo que otros quieren con sus estrategias y sus decisiones no es mérito. No motiva. Los logros que se alcanzan por uno mismo aumentan la autoestima, generan compromiso y sostienen la motivación.

Autonomía + Mérito = Motivación y Autoestima

Si un hijo no siente el mérito propio, no se va a comprometer. Para sentirlo, tiene que transformarse en dueño de algo y autor de los resultados. De este modo, el mérito no proviene de los logros que el padre le atribuye sino de los que él mismo siente como propios.

El mérito de los fundacionales está permanentemente presente; pero los hijos, en su función de optimizadores, hasta el momento, no lo han llegado a experimentar. **El hijo necesita poder demostrarse a sí mismo su capacidad, no con grandes hazañas, sino logrando resultados que no hubieran existido de no ser por ellos.**

Cuando una persona realiza actividades de optimización, lo que hace es perfeccionar la obra del padre.

El mérito se siente cuando toma decisiones que crean valor.

Es esa historia que crean por sí mismos lo que los motiva.

Desarrollarse implica también esfuerzos y frustraciones. El empresario fundacional no creció sin cometer errores, al contrario, se desarrolló probando, testeando, equivocándose, rectificando y manteniendo el foco en los objetivos del negocio. Los errores no paralizan si prevalece el entusiasmo por lo que se hace.

¿Por qué encarar el desarrollo profesional de los hijos?

Como padres y dueños de la empresa, el mayor reto es patrocinar el desarrollo profesional del hijo y estimular su capacidad empresaria. Esto no significa definirlo de entrada como futuro sucesor ni tampoco es tener un empleado más. Desde el lugar de conductor de la empresa, significa generar los escenarios que le permitan al hijo lograr resultados de valor.

No hay que confundir un optimizador con un líder. Las empresas no funcionan con optimizadores, sino con líderes dedicados a que la empresa genere valor. El día en que ya no esté el fundador, de no haber ese líder que lo sustituya, el negocio se apagará. El padre debe tener cuidado de no llegar a ser mayor, dejándoles a los hijos un problema futuro sin resolver. Es fundamental, si se piensa en la continuidad de la empresa, probar la capacidad empresaria de los hijos.

Por otra parte, al empresario no le dan los tiempos para estar en todos los temas del negocio. Necesita delegar y que su hijo, a esta altura, esté realizando tareas optimizadoras es un despropósito. A su vez, el hijo tiene "hambre" de manejar las cosas, y se sentirá cada vez más frustrado si el padre no termina de delegarle responsabilidades.

Es importante que el hijo haga el recorrido completo para desarrollar su liderazgo.

No hay que autoengañarse pensando que el tiempo es el que desarrolla la capacidad empresaria y de liderazgo. A cierta altura de las circunstancias, si el hijo ya lleva tiempo trabajando en la empresa y no tiene autonomía ni ha logrado resultados, no va a desarrollar estas competencias espontáneamente.

Las dos cualidades principales que se necesita desarrollar

Los padres creen que si los hijos los imitaran podrían tomar decisiones más efectivas. Y ciertamente, en muchas ocasiones los hijos tratan de hacer lo mismo que hace el padre, pero cuando lo imitan "meten la pata". Hacen cosas que creen que haría el padre, sin saber por qué él las hace. Es que en el fondo no entienden los criterios en que se basan. Y esta es la diferencia entre el aprendizaje y la mera imitación, lo que luego se ve en los resultados.

En los casos en que el hijo nunca tuvo otro jefe que no fuera su padre y no tiene otros referentes, intenta copiarlo. Pero **los padres son inimitables**, porque sus decisiones no parecen seguir una lógica. Solo una mirada de la totalidad de la empresa permitiría comprenderla, y el hijo, en esta etapa, no la tiene.

En sus decisiones el padre siempre cuida **dos aspectos: la relación de costo-beneficio para el negocio y el poder ante los colaboradores**. Estas son las dos cualidades clave para el desarrollo profesional empresario.

Cuando alguien no ejerce una función propia, tomando decisiones personales y siendo responsable de los resultados, es fácil ser crítico y decir cómo se debería actuar. Pero cuando se pone en juego el ejercicio de la función, se vuelve más pragmático.

> **El hijo del dueño de una distribuidora, radicada en una ciudad del norte de la Argentina, quería que su padre echara a un vendedor. Se había enterado de que una vez había sacado a los empujones a un cliente del local.**
>
> **Cuando sucedió el hecho, el vendedor le explicó al padre que el supuesto cliente al que había echado aparecía cada tanto en el negocio para burlarse de él y de sus compañeros, haciéndoles mostrar todo tipo de mercadería y que nunca compraba nada. El padre no quiso despedirlo, porque era uno de sus mejores vendedores.**
>
> **Un par de años más tarde, cuando el hijo se hizo cargo de un local en la otra punta de la ciudad, le propuso a su padre llevarse a ese vendedor por un par de meses, para que enseñara a los otros dos vendedores que había en el local y le diera un empuje a las ventas.**

El hijo suele reclamar lo justo y lo correcto; sin embargo, para lograr continuidad, la empresa tiene que ser conveniente, no justa. Este es uno de los principales criterios de decisión empresaria que necesita aprender el hijo: a decidir si le permite o no algo a un empleado, si hace un gasto para complacer a un cliente o no lo hace, o si pone energía en mejorar algo que funciona, según sea o no conveniente para la empresa. Tiene que aprender a ponderar y relativizar por sí mismo en función de si el beneficio que aporta su decisión es mayor que el costo que implica.

Y el otro aprendizaje indispensable es el manejo del poder. Tiene que aprender a lograr que lo que pida se cumpla. El padre sabe que no se trata de pedir mucho y quejarse por lo que no hacen los colaboradores. **Cuando algo que pide se cumple, aumenta su poder de conducción. En cambio, cuando pide y no se cumple, lo disminuye.** Seguramente al padre le costó tiempo y sentir "en carne propia" los aciertos y los errores, para aprender esos hechos de la vida empresaria que ahora le parecen *naturales*. También su hijo tendrá que aprenderlo con la experiencia, pero en esto tiene un camino más difícil que el padre. Tiene que pagar "derecho de piso".

Claves para el desarrollo profesional

¿Cómo desarrollar a un hijo para que se transforme en un creador de valor?

Es un proceso similar al de una carrera universitaria. Lleva tiempo de aprendizaje, que dura de cinco a siete años. Se parte de lo más simple para ir a lo más complejo, y a medida que se van resolviendo situaciones y alcanzando resultados, las responsabilidades y los ámbitos de acción son mayores.

Para que pueda crecer profesionalmente es necesario generarle un ámbito de poca escala en el que pueda tomar decisiones con autonomía, tener logros, sentir mérito propio. De toda esa matriz compleja que es la empresa hay que darle al hijo una función en la que pueda accionar y crear historia.

Por supuesto que a veces se va a equivocar, y esa es la forma en que va a aprender. Solo cuando las personas fallan pueden cambiar sus hipótesis; de lo contrario, insisten internamente en sus teorías acerca de qué es lo que habría que hacer. Si el hijo no decide, si no corre riesgos, pierde el entusiasmo y va a la empresa solamente a cumplir.

Una función de negocio para entrenarse

Para que el hijo entrene su capacidad empresaria hay que concederle un casillero, con la precaución de que ninguna movida perjudique el juego. De todo ese mosaico de funciones que es la empresa hay que darle una baldosa para que pueda actuar y probar sus decisiones.

Aunque el hijo va a continuar con las mismas tareas que venía realizando antes de esta etapa, es necesario que pueda ensayar en ese nuevo espacio sus propias ideas y testear decisiones con **total autonomía**. Tiene que ser una baldosa acotada y tomar su gestión como un ensayo, con carácter provisorio.

Una baldosa para el hijo: características y condiciones

Las características que debe tener esa baldosa para que los hijos desarrollen su capacidad empresaria se basan en cuatro finalidades fundamentales:

1. Que aprendan.
2. Que el padre no sienta miedo de ceder responsabilidad.
3. Que les TIENE que ir bien.
4. Que sientan la satisfacción del logro personal.

Las condiciones requeridas para esas cuatro características son:

- Que el espacio para decidir y actuar sea **acotado**.
- Que sea planteado como una **prueba provisoria**.
- Que no sea nuevo para la empresa, sino **que esté probado**.
- Que esté **medido**.
- Que esté **vinculado con el afuera**.
- Que **no afecte** ni el funcionamiento ni el resultado total del negocio.
- Que sea **de valor** para el negocio.
- Que sea **compatible** con los criterios del resto de la empresa.

Tiene que ser solo una baldosa, de manera que si se equivoca, el error no comprometa al negocio. Es fundamental que la concesión de esa baldosa y de esa responsabilidad sea planteada por un período corto, como una **prueba provisoria**. Lo definitivo asusta al padre y lo provisorio le da tranquilidad. El hijo tiene que seguir con las tareas que estaba realizando y tomar este espacio como una prueba simultánea. Porque si deja las tareas que realizaba para dedicarse a esta nueva función, es difícil verlo como una prueba en la que, si no resulta, sea posible volver fácilmente a lo anterior.

Por otra parte, aunque la tentación de desarrollar algo nuevo para el negocio es muy grande, tiene que ser algo que ya esté funcionando. Lo nuevo les atrae tanto al padre como al hijo. El hijo tiene tanta avidez por hacer su camino y por demostrarse a sí mismo su capacidad que va a insistir en manejar algo nuevo. Es fácil encandilarse, porque aunque el padre tiene en su trayectoria varios intentos con ideas que no funcionaron, los aciertos han ido compensando los negocios que no resultaron. Por eso no dimensiona la incertidumbre de lo nuevo. No hay que inventar algo diferente. Los hijos tienen que tomar algo que **ya esté probado**, para hacerlo funcionar: una sucursal ya existente, un producto o línea de productos, un canal de venta. Es imprescindible que sea una función ya medida, para comprobar el nivel de rendimiento que tiene a partir del momento en que el hijo se hace cargo.

Aunque se trate de algo acotado y que ya esté funcionando, tiene que ser **de valor** para la mirada del padre y del hijo. Sin embargo, no hay que asignarle de entrada algo exigente o muy comprometido. Tiene que ser algo que, si sale mal, **no afecte** a la empresa.

Otra de las condiciones es que esa función del hijo esté **vinculada con el afuera**, con el mercado, aun en los casos en que el hijo se haya desempeñado solamente en la administración. La capacidad de desarrollar el negocio se aprende en la calle. La falta de previsibilidad, propia de los clientes y de los mercados, es parte de las hipótesis que todo aprendiz de líder tiene que encarar para desarrollarse.

Los criterios para manejar este espacio tienen que ser **compatibles** con los **criterios de la empresa** y no romper con las reglas ni el estilo del negocio. Al hijo se le pueden ocurrir ideas tomadas de las grandes compañías, como en su momento seguramente también se le ocurrieron al fundador, pero que no son viables en la empresa en la que trabaja. El hijo tiene que ser congruente con las limitaciones de la organización y no interferir en los resultados de otras áreas. Por ejemplo, tomar a un colaborador con un nivel de sueldo que no se paga en la empresa, o modificar criterios de cobranza que podrían afectar los niveles de venta, son decisiones incompatibles con el funcionamiento general.

Hay que contar con una manera simple para medir los resultados. Y tienen que ser indicadores de valor real, no indicadores que expresen cantidad de trabajo realizado. Lo que hay que observar en la medición es **la tendencia evolutiva** que va teniendo esa función a cargo del hijo, más que la comparación de resultados aislados.

La **evaluación de los resultados** y el feedback tienen que ser frecuentes. El hijo necesita de la mirada del padre y de la propia. Esto le permite rectificar, entusiasmarse y evaluarse. Luego, a medida que se va estableciendo en la función, ese seguimiento se puede hacer más espaciado. Si los resultados son iguales o mejores que los que había antes de hacerse cargo el hijo, el padre tiene que cederle esa función.

La medición es el principal aliado del hijo. Le sirve como escudo para que el padre no interfiera, y al padre le sirve para autocensurarse y no dar indicaciones que irían contra la autonomía del hijo. Si le está yendo bien, no solo no tiene que decir nada, ¡ni siquiera tendría que entrar a su oficina!

Por ejemplo, si está a cargo de la cobranza y el tiempo promedio es de 45 días y el hijo lo baja a 40, eso es un avance. Nadie le puede venir a decir "¿Qué pasa con tal cliente que no paga hace 60 días?". Eso es problema del hijo. La medición permite que no se metan en su territorio.

Lo que tiene que conseguir es que en esa función de negocio cada vez haya una mejor relación costo-beneficio para la empresa, y por eso cada avance en este sentido es una posición ganada que le va a permitir conquistar más *baldosas*.

Resistencia y sabotaje del padre

Para el padre no es fácil dejarle al hijo una baldosa del negocio y respetársela. Y no se trata de ceder un espacio vacío que nadie ocupaba. Lo que transfiere es un área que controlaba él, y que le exigía atención y energía.

El padre tiene miedo de delegar. Tiene miedo de que el negocio se le prenda fuego. Se preocupa y necesita excusas para volver a controlarlo.

A través de expresiones o intromisiones, el padre puede sabotear el desarrollo autónomo del hijo. Muchas veces lo hace con la mejor intención, porque le da miedo que el hijo ponga en riesgo aspectos importantes del negocio. Y otras veces lo hace porque se quiere lucir, quiere seguir mostrando que es él el protagonista de la historia.

Algunos ejemplos de formas de sabotaje si el hijo tuviera a su cargo las cobranzas, serían los siguientes:

- Corregir el "cómo", los métodos o la manera en que el hijo decide y se desenvuelve: *Mejor llamá por la mañana para reclamar pagos.*
- Atribuir los buenos resultados a circunstancias ajenas a las acciones del hijo: *La cobranza anda mejor porque hay más plata en la calle.*
- Cambiar condiciones que antes no podían implementarse: *De ahora en más no hay más descuentos por pronto pago.*
- Hacer sugerencias a subordinados, proveedores o clientes relacionados con el hijo: *El padre le dice a un cliente que no pasa nada si se atrasa en el pago.*
- Lucirse explicando cómo lo hubiera hecho él: *Pero esto es muy fácil; le decís a la secretaria que tenés que hablar con el cliente por otro tema.*

Así como un espacio reducido lo alivia de sus recelos para brindar autonomía, también es cierto que le cuesta valorar la importancia de los resultados pequeños que el hijo vaya logrando. Sin embargo, el solo hecho de que algo funcione con resultados equivalentes a los que venía teniendo, sin necesidad de su intervención permanente, es de por sí un avance importante. Y en la medida en que al hijo le vaya bien, lo va a ir empujando hasta apropiarse totalmente de esa función.

Jugar en una baldosa

Cuando el hijo se adueña de su baldosa, no la suelta más. Se lo ve realizando acciones similares a las que el padre hizo como fundador: pone el cuerpo, contrata a algún amigo o conocido, se las ingenia, negocia… Con la práctica de gestión, va modificando su manera de pensar y ya no le cuestiona al padre su forma de conducir a los empleados. Va dejando sus reclamos acerca de lo que debería hacerse, y esto es un signo de madurez.

A medida que los resultados mejoran, va conquistando baldosas y cada vez su territorio de acción es más significativo. Sin embargo, aunque el padre permite esos espacios con autonomía, a la vez lidera la empresa y sigue teniendo el poder.

Al desempeñarse en una función del negocio y tomar por sí mismo todas las decisiones, el hijo va desarrollando las dos cualidades empresariales para el liderazgo compartido: manejo del poder y criterio de costo-beneficio en la toma de decisiones.

Además, los logros alcanzados y la sensación de mérito propio van despertando su entusiasmo y compromiso con los objetivos del negocio.

Lecciones del período de desarrollo profesional

1. La clave es ajustar la proporción del desafío

> **La magia de los videojuegos**
>
> La adicción que despiertan los videojuegos no surge por casualidad. Su diseño requiere de una ingeniería que sigue una estrategia muy precisa para lograr el interés del usuario. La psicología de la motivación es la base de esa estrategia.
>
> *La clave para lograr mayor interés es el nivel de dificultad.* Se utiliza el término *flow zone*, que significa la r*elación entre la dificultad aceptable y la frustración óptima*, y es lo que mantiene el interés del jugador. Si la dificultad es demasiado elevada, el jugador se frustra y abandona el juego; si es baja, se aburre.
>
> Los videojuegos plantean una tarea retadora con progresivos niveles de dificultad, donde se refuerzan las acciones de éxito, y el usuario tiene el *registro inmediato* del propio rendimiento como patrón de referencia y autosuperación.

Para los padres

Este es el secreto. **Está en nuestras manos definir el nivel de dificultad del desafío.** Si es demasiado exigente, estamos condenándolos directamente a la frustración. Y si les seguimos dando tareas triviales, no van a tener interés. La clave es elegir algo que les exija superarse y que a la vez estemos seguros de que van a poder lograr.

Para los hijos

Nos encantaría hacer grandes cosas, pero las hazañas aparecen después de varios pasos de autoafirmación, cuando estamos seguros de que venimos sumando puntos. Como en un juego de la *Play,* solo necesitamos saber que con ensayos y aciertos podemos resolver los desafíos del nivel que nos toca y que estaremos permanentemente pasando de etapa.

2. El error no es fracaso, es información

Para los padres

Nadie que haya tenido logros importantes en su vida estuvo exento de errores. El error propio es la mejor fuente de información para corregir el rumbo. El error tiene mucho más efecto que los consejos y recomendaciones. Cuando alguien se equivoca, no es necesario que se lo muestren, él mismo se da cuenta. Pero si al error lo llamamos fracaso y lo usamos como crítica, transformamos en fracaso lo que hubiera sido información.

Para los hijos

Cuando de muy chicos aprendimos a caminar, en nuestra mente no existían los fracasos. Caerse, levantarse, apoyar el pie más firme, apurarnos y caernos de nuevo era normal. Nada tenía significado ni de fracaso ni de error. Lo mismo nos pasó al aprender a manejar. Soltar el embrague demasiado rápido o acelerar bruscamente, todos eran datos para ejercitarnos y hacerlo mejor en el siguiente intento. Actuar desde el miedo al error limita el aprendizaje. Vayamos de a poco y confiemos en nosotros.

3. La autonomía está en primer lugar

Para los padres

Si queremos que nuestro hijo esté motivado tenemos que darle autonomía real, sin inventar artimañas para controlarlo sin que se dé cuenta, ni insistir con consejos o intervenciones. La autonomía está en primer lugar en la escala de condiciones de satisfacción laboral, y nuestro hijo no es un empleado más. De manera que no hay otra opción que dársela de verdad.

Para los hijos

Autonomía no es hacer las cosas por nuestra cuenta pensando en lo que va a pensar nuestro padre. Es tomar decisiones sobre nuestra baldosa pensando en los resultados. Sin que se nos cuele la imagen de nuestro padre en la cabeza.

Qué hacer y qué no hacer en el desarrollo profesional de los hijos

Qué hacer

Como padres

Buscar que les vaya bien. Tenemos que grabarnos en la mente que el verdadero resultado que buscamos es que les vaya bien. **Cada error es un aprendizaje, pero cada frustración de nuestro hijo es un paso atrás en su desarrollo profesional.** ¿Cuál es la diferencia? El error es un desvío que se corrige, la frustración es el sentimiento de no haber alcanzado la meta.

La crítica es enemiga del cambio. A mayor crítica menor cambio.
Estanislao Bachrach[2]

Reconocer sus logros y responsabilidades. El reconocimiento positivo, específico y sincero es refuerzo. Orienta mucho mejor que la crítica. Al reconocer lo que nuestro hijo hace bien y abstenernos de hacer comentarios sobre lo que no hace bien estamos señalando lo mismo que si hiciéramos lo contrario. Con reconocimiento indicamos por dónde ir y con la crítica por dónde no ir. La diferencia es que el reconocimiento acelera el recorrido y la crítica lo detiene. Si tenemos una tendencia a actuar como detectives del error y no nos podemos contener, es preferible no en-

2 Bachrach, Estanislao: Conferencia "Cambio en la Pyme". En *Jornadas de Actualización Empresaria para Directivos de Pymes,* Edición 2015, Centro de Capacitación & Empresa S.A., Buenos Aires, 6 de octubre de 2015.

trar en el espacio del hijo, ya sea la oficina, el depósito o el local. Cuanto menos veamos y menos informados estemos acerca del *cómo,* mejor. Solo miremos los resultados de la función y nada más.

> **En nuestra experiencia como consultores hemos visto varios casos de empresas rentables, con productos o servicios que sobresalen, lideradas por empresarios de estilo crítico y desmotivador. Los empleados, por algún motivo, aguantan esa modalidad y la empresa subsiste. Sin embargo, cuando se intenta conducir con ese mismo estilo a los hijos, la empresa se queda irremediablemente sin continuadores, porque ellos terminan por irse.**

Reconocer características de los jóvenes que superan a las propias. A nuestros hijos les falta la experiencia que hemos adquirido, pero la experiencia no es el único valor en el haber de un empresario. La sensibilidad para detectar nuevas posibilidades de negocio y cambios en los mercados o la implementación de métodos que no se usaban y resultan más convenientes están ligadas a la mirada más fresca de los jóvenes. Reconocer explícitamente esas características, además de contribuir al desarrollo profesional de nuestros hijos, es un valor que estaremos aportando a la empresa.

Como hijos

Actuar como adultos. Si en la etapa de iniciación poníamos nuestro centro de atención en la crítica de lo que veíamos mal, ahora es el tiempo de dejar atrás la queja y la crítica para **empezar a hacer** en la función que tenemos. Asumir como propia la responsabilidad por el resultado, aprender de los errores y corregirlos son parte clave de nuestro desarrollo profesional.

Aprender a "vender" las propias ideas. Ser adultos incluye, entre otros aspectos, el hacerse cargo no solo de lo que decimos, sino de cómo lo decimos. La "incomprensión de los mayores", que es natural que la sintamos en la adolescencia, por lo general se debe a que o no tenemos en claro qué queremos o no sabemos transmitirlo. Crecer incluye comprender que no todos entienden las cosas como nosotros, y que para convencer de una idea, hay que saber comunicarla. Esto se aplica no solo a *qué* decimos, sino a *cuándo, dónde* y *en qué circunstancias*.

Para padres e hijos

Observar periódicamente los resultados de manera conjunta. La medición de los resultados es una aliada de la autonomía del hijo y de la tranquilidad del padre. Como práctica de común beneficio, conviene que juntos observen periódicamente esos resultados y que no lo tomen como una "mesa de examen", sino como parte de la colaboración entre dos protagonistas interesados en un mismo resultado.

<u>Qué no hacer</u>

Como padres

Cuestionar sus métodos y opinar sobre sus procedimientos. Si los resultados son buenos y confiables, no tenemos autoridad para meternos en el *cómo*. Si la cosa funciona bien, ya no se trata de que cuestionar no es conveniente para nuestro hijo, es que simplemente él ya no nos escucha.

No mirar sus resultados o relativizar sus logros. Es una forma de sabotaje que, si nos la aplicase a nosotros un tercero, diríamos que nos está "ninguneando". No reconocer los resultados de la actividad del hijo o atribuirlos a otros motivos –"el mercado es favorable", "la competencia se equivocó"– o, peor aún, a la casualidad o el azar –"tuvo suerte"– no solo perjudica su desarrollo profesional, sino la relación afectiva.

Lucirse mencionando lo bien que lo hubiéramos hecho nosotros. Muchas veces sentimos que nosotros lo hubiéramos hecho igual o mejor. Y puede ser cierto, pero ¿suma?, ¿aporta decirlo? No ayuda en nada ni clarifica en qué puede haberse equivocado.

Ser tacaños a la hora de hacer crecer las responsabilidades de los jóvenes. Si los resultados de la actividad del hijo son buenos, si en ella demuestra capacidad para asumir mayores responsabilidades, nos tenemos que hacer a un lado y darle más espacios. Si no nos apartamos y nuestro hijo es razonablemente ambicioso, nos va a ir empujando.

Como hijos

Consultar permanentemente a los mayores en temas de la zona autónoma. Es natural que al asumir una responsabilidad tengamos dudas, pero aprendemos a tomar decisiones tomándolas, no consultando cómo se toman. Cuantas más decisiones tomemos, más nos animamos.

Continuar siendo jóvenes quejosos ante los mayores. El pedido puede cambiar las cosas. La queja no cambia nada y nos quita autoridad. No nos quejemos. Si necesitamos algo en lo que nuestro padre puede ayudarnos, lo tenemos que pedir, sin quejas ni lamentos.

Actuar con caprichos o impulsividad. La actitud que tomemos para comunicarnos, en gran medida, le enseña al otro cómo tiene que tratarnos. Si actuamos como adolescentes, nos tratarán como a adolescentes. Para tener el lugar de adultos tenemos que actuar como adultos y dejar de lado los caprichos y la impulsividad.

Para padres e hijos

Vincular la asunción de responsabilidades con una participación accionaria. Que el hijo asuma responsabilidades en la empresa no cambia un dato fundamental: el único dueño sigue siendo el fundador. Es un error de los padres dar participación accionaria a los hijos que empiezan a tener esas mayores responsabilidades, y por parte de los hijos el error es pretenderla. En otro capítulo veremos lo referido a las diversas formas de retribuir la actividad de los hijos en la empresa, pero es muy importante señalar desde ya que solo los dueños son sus accionistas.

Discutir delante de los empleados. Esto vale tanto para el padre como para el hijo, y no podría ser de otro modo, ya que para que haya una discusión siempre se necesitan dos. No importa quién la inicie ni por qué motivo, las discusiones de este tipo erosionan en el personal la autoridad de ambos. Las diferencias de criterios, los planteos de problemas, las observaciones críticas sobre una decisión siempre deben tratarse entre padre e hijo de manera reservada.

CUARTA ETAPA: LIDERAZGO COMPARTIDO Y QUINTA ETAPA: NUEVO LIDERAZGO

Cuarta etapa: liderazgo compartido
Evolución en su ámbito de gestión

Compartir decisiones estratégicas
Nuevas exigencias para el fundador
Números clave
Profesionalización: ¿qué hace a una empresa atractiva o no?

¿Cuál es la finalidad de esta etapa?
Hacia el liderazgo único
Atajos que favorecen la independencia
Certezas y dudas: siempre hay alternativas

Qué hacer y qué no hacer en el liderazgo compartido

Quinta etapa: nuevo liderazgo
Aprendamos a separar los roles
Función especial del nuevo liderazgo
La empresa del fundador es el cimiento para una refundación
Dos momentos diferentes en el nuevo liderazgo

Qué hacer y qué no hacer en el nuevo liderazgo

Cuarta etapa: liderazgo compartido

Recorrido natural hacia el liderazgo compartido

Desde el fin de la etapa optimizadora hasta la etapa de liderazgo único no hay hitos específicos que indiquen el fin de un ciclo y el inicio del siguiente. Hay modificaciones, que aunque en determinados momentos de maduración de la etapa se hacen notorias, se van gestando de manera latente antes de instalarse.

Por eso, durante todo este proceso coexistirán diferentes momentos: el que se va dejando atrás y el incipiente. Y en ese tránsito, padre e hijo irán modificándose a sí mismos y transformándose mutuamente.

O aprenden a recorrer este camino de liderazgo compartido en medio de un abanico de disyuntivas, o se transformará en una contienda permanente.

Evolución en su ámbito de gestión

Si el hijo resuelve adecuadamente el ámbito de gestión del que se hizo cargo, habrá pasado la prueba más difícil de su carrera como futuro líder.

El ejercicio de llevar adelante una función por sí mismo le fue cambiando la lógica de razonamiento. Y aunque al principio son imperceptibles, los cambios que fue experimentando son radicales. No se trata de si es "más maduro" o "menos impulsivo". Se trata de que piensa y decide de manera diferente.

Se dio cuenta de que no era cuestión de buscar a las mejores personas para hacer una tarea sino de encontrar la manera de conducirlas para alcanzar sus objetivos.

La conducción de la gente no le resultó fácil. Quizá fue lo que más le costó desde su ingreso a la empresa. Fue probando diferentes maneras de actuar, desde hacerse amigo de la gente hasta imitar la modalidad del padre. Finalmente fue encontrando su propio estilo, aunque de todos modos tendrá que continuar en este aprendizaje. **La conducción de la gente, a la segunda generación, le cuesta mucho más que al fundador. Porque el fundador es patrón y aprendió de manera más intuitiva a "mandar".**

Si en la etapa anterior, como desarrollador, el hijo logró mantener y mejorar los resultados de la función es porque puso el cuerpo, se las ingenió, negoció, se midió y, sobre todo, aprendió a encarar un futuro incierto y hacerlo predecible a través de sus acciones.

A partir de este momento irá expandiendo su juego y, con el tiempo, la empresa contará con resultados previsibles y mejores que los que tenía antes de que el hijo asumiera esa función. Para el negocio, no es un hecho menor el beneficiarse con una función confiable, que hasta el momento le ocupaba la cabeza al padre.

Este progreso genera un mayor protagonismo del hijo, quien se va transformando naturalmente en un interlocutor responsable y capaz ante los ojos del padre.

Cuando el fundador comienza a darle lugar al hijo para analizar y opinar sobre la estrategia general del negocio, comienza la etapa de liderazgo compartido.

Compartir decisiones estratégicas

Como las necesidades de la empresa siempre son mayores que los recursos, cuando el fundador asigna prioridades a los aspectos del negocio que requieren invertir tiempo o dinero, está tomando decisiones estratégicas, que son aquellas que van más allá del día a día o del corto plazo. Mejorar las ventas, desarrollar un nuevo canal de distribución, cambiar un producto… son determinaciones propias de la estrategia de negocio.

Nuevas exigencias para el fundador

Por supuesto que el fundador tomaba esas decisiones sin preguntarle a nadie, simplemente porque lo sentía. Experimentaba la punzada de la empresa que le decía dónde tenía que actuar. Si los requerimientos eran muchos, tenía que "masticar" más sus decisiones porque implicaban renunciar a otras necesidades del negocio. Con lo único que contrastaba sus decisiones era con las prioridades que él veía y con la capacidad de la empresa para llevarlas a cabo. Pero decidía solo y también **renunciaba solo**. Porque decidir es renunciar.

Ahora que el hijo ya no es más un optimizador y que el fundador descubrió lo interesante de contar con su intervención, sabe que está sentenciado a negociar. **Negociar es dar lugar, es ver que las renuncias a las que cada uno está dispuesto no son las mismas, pero sobre todo, es someterse al esfuerzo de ceder.**

Las decisiones exigen renunciar a otras alternativas. Si, por ejemplo, resuelven centrarse en un canal de ventas o en una línea de productos, habrá que destinar tiempo y dinero a este objetivo, dejando de lado otros requerimientos. Y el fundador tiene que aprender a discutir esto con su hijo. De ahora en más tendrá que buscar la manera de traducir y explicar sus argumentos. Y como si esto fuera poco, además, tendrá que buscar acuerdos.

Debatir y consensuar no es algo a lo que estaba acostumbrado. Y este proceso no es un paraíso donde lo único que cada parte tiene son buenas intenciones. En esta etapa va a entrar en debates, discusiones y evaluación conjunta. El hijo comienza a opinar no solo sobre el funcionamiento habitual de la empresa sino también sobre cómo orientar el negocio.

Aspiraciones, enfoques e intereses entrarán en juego en esta trama de conversaciones, que ni siempre será casta y pura, ni siempre tendrá una salida fácil, pero sin lugar a dudas será mucho más próspera, para la empresa, que el monólogo autorreferencial del padre.

Números clave

Los parámetros que guiaban al fundador eran: **la facturación y la disponibilidad de caja**. Esto se completaba con un conjunto de observaciones de los clientes, el mercado, los productos, los empleados… articulado con evaluaciones basadas en experiencias anteriores, inferencias y procesos mentales difíciles de expresar. Para el hijo, en cambio, la empresa nunca va a ser una extensión de sí mismo que le transmita el estado de situación.

A partir de esta etapa es necesario que el hijo pueda ver otros números, que son los que le van a indicar dónde está parado. Los indicadores clave que necesita conocer para saber mes a mes la situación son, por un lado:

- Costos
- Contribución marginal
- Gastos generales
- Resultado

Y por otra parte:

- Capital de trabajo
- Otros activos y pasivos

Esta nueva brújula para interpretar la empresa implica un enfoque superador de todos los años anteriores, que le dará una comprensión de lo que es importante para el negocio. Esta ola de cambio les permitirá explorar oportunidades, desarrollar posibilidades y utilizar de una manera más eficiente y rentable su capacidad de negocio.

Profesionalización: ¿qué hace a una empresa atractiva o no?

La capacidad del fundador de ejercer un control eficaz y de conseguir la gente y los recursos financieros para hacer viable su visión ya no es suficiente. Prácticas subjetivas, como la de premiar a un empleado a fin de año por cualidades que solo el dueño comprendía, a esta altura no resultan. Si se quiere llevar a la empresa hacia el siguiente nivel, inevitablemente el velo secreto del fundador tiene que descubrirse. **En esta etapa hay que lograr un grado de profesionalización que permita evaluar las situaciones de manera transparente y efectiva.**

Ya no se puede tantear la fiebre con la mano, es necesario tener un instrumento que mida la temperatura. Y la profesionalización es eso. **Profesionalizar no es incorporar expertos, tampoco hacer un manual ni registrar información de cada evento.** No es cuestión de regular ni de inspeccionarlo todo. Se trata de **contar con información más potente para la toma de decisiones**, de transformar lo que se manejaba mediante los sentidos en algo administrable según indicadores válidos.

Es necesario entender la empresa mediante mapas claros que muestren lo que pasa. Los mapas tienen que estar en tiempo y forma para explicar el escenario. Sin embargo, la información clave no reemplaza la capacidad directiva, solo presenta lo que es: el empresario será quien tome las decisiones, pero serán decisiones justificadas y comunicables.

En esta etapa, la empresa va perdiendo la intervención del padre en lo operativo, que es reemplazada por funciones administrables despersonalizadas. La profesionalización le permite a la empresa gestionar sus recursos y conducir las capacidades de la gente de una manera menos dependiente del dueño.

Una forma de preguntarnos si la empresa está adecuadamente profesionalizada es preguntarnos si es vendible.

Cuando la empresa logra una gestión profesionalizada no solo aumenta sus posibilidades de continuidad como empresa familiar, sino que se vuelve mucho más atractiva para la venta.

Más atractiva	Menos atractiva
La imagen del dueño no se nota	La empresa ES el dueño
Los logros son de la organización	Los logros son del fundador
Alta delegación	Baja delegación
Segunda generación con ambición	Segunda generación sin vuelo
Sucesión planificada	Sucesión no planificada

¿Cuál es la finalidad de esta etapa?

El fundador puede ser la persona más saludable, actualizada y emprendedora que seamos capaces de imaginar; pero es innegable que el paso del tiempo modifica su capacidad para conducir. Aunque tiene una sabiduría incuestionable, también es cierto que el mundo cambió más rápido que la posibilidad de actualización que se necesita para liderar el negocio, y que más de una vez el nuevo estilo de mercado le resulta ajeno.

Muchos de sus clientes clave u otros potenciales compradores ya tienen gente joven conduciendo la empresa, y al padre le resulta más difícil tener llegada a ellos.

Compartir el liderazgo es una etapa que tiene una finalidad, una meta: transferir la conducción de la empresa a su hijo.

Hacia el liderazgo único

En esta etapa el fundador está viviendo los últimos cinco años de su conducción compartida. Ya sea que se retire de manera completa y deje de tener presencia en la empresa o que siga asistiendo y se dedique a tareas que no requieren liderazgo, lo cierto es que no va a ser él quien siga conduciendo. El que la va a conducir será el hijo, y cuanto mayor conciencia de esto tenga el padre, sus intervenciones serán más productivas.

Para el padre es la última oportunidad de trabajar con su hijo sobre las decisiones estratégicas y de transparentar los criterios con los que se guía. Su conocimiento de negocio y muchos de sus principios de acción tendrán validez más allá del paso del tiempo. **Su lugar no es el de consejero sino el de un par que comparte las mismas responsabilidades.**

Si está dispuesto a dar este paso, irá descubriendo ideas del hijo que él no usó ni hubiese implementado, que le resultan frescas, inteligentes y efectivas. Esto le generará confianza, le permitirá tomar distancia y digerir de manera más serena su retiro.

Atajos que favorecen la independencia

Tanto el hijo como el padre pueden realizar acciones progresivas que sirvan para que el hijo se haga cargo y para que el padre tome distancia.

El padre puede:

- Dejar de ir a la empresa dos días laborables por semana.
- Tomarse vacaciones más largas.
- Sugerir a los empleados antiguos que traten sus inquietudes directamente con el hijo, y al hijo, por su parte, que hable con ellos.
- Derivar al hijo el manejo de algún cliente o proveedor de toda la vida.

El hijo puede:

- Alentar al padre a tomarse uno o dos días extras a la semana y vacaciones más largas.
- Incrementar su relación con los empleados más an-

tiguos.

- Evitar llamar al padre cuando está de vacaciones o no se encuentra en la empresa.
- Tomar contacto propio con clientes del padre o colaboradores independientes que eran exclusivos del padre.

Certezas y dudas: siempre hay alternativas

No todos los hijos que se desempeñan bien como desarrolladores quieren ser los futuros directores del negocio. Muchas veces el hijo quiere seguir trabajando en su función, pero no aspira a sentarse en el sillón del padre. Los conflictos potenciales con los hermanos, el peso de la función directiva o el desafío de conducir a la gente son algunos de los temores que aparecen.

En el caso en que sea una hija quien vaya a asumir el futuro liderazgo, estas dudas se pueden ver acentuadas ya que es frecuente que mujeres con ambición, capacidad y carácter, cuando son madres cambian sus prioridades y privilegian el rol maternal ante el rol de directoras.

Si el hijo desarrollador tiene dudas y no cree que pueda liderar, es necesario que lo hable, porque hay otros caminos: puede ser otro hijo o un gerente general.

De todos modos, no puede pensarse en un gerente general no familiar sin la dirección de un líder familiar. En cambio, puede haber un gerente general no familiar con uno o más hijos líderes que le marquen la estrategia. En este caso, el gerente general estaría a cargo de la operatoria de la empresa y sería medido por resultados. En cambio, la dirección, la estrategia del negocio tiene necesariamente que estar en manos de uno o varios directores de la familia. Pero si la alternativa de liderar a un gerente general tampoco encaja con las expectativas del hijo, habrá que pensar en la venta de la empresa.

Qué hacer y qué no hacer en el liderazgo compartido

Qué hacer

Como padres

Reconocer los cambios en el negocio producidos gracias a los jóvenes. Necesariamente, compartir el liderazgo significará cambios en la empresa. Reconocer lo positivo que traigan esos cambios a la empresa y que se deben a la iniciativa y el esfuerzo de la nueva generación, es clave para transitar esta etapa con las mejores perspectivas de futuro.

Permitirse envejecer. Es uno de los procesos personales más difíciles, en especial cuando se cuenta con suficiente vitalidad y lucidez. Pero así como no se nos ocurriría, pasada cierta edad, pretender correr los 90 minutos de un partido al igual que un chico de 20, también tenemos que reconocer el efecto del paso del tiempo en nosotros como empresarios. La etapa de liderazgo compartido nos permite hacerlo gradualmente, sin sobresaltos innecesarios, y es una buena oportunidad para dedicarle algún tiempo a todo lo que, en el día a día, veníamos postergando.

Dejar el rol de único protagonista. Compartir el liderazgo significa que en la obra que es la empresa ha aparecido un nuevo actor con quien compartimos no solo el "cartel", sino la presencia real sobre el escenario. Es un coprotagonista, cuyas acciones y palabras cuentan y tienen peso en el resultado.

Como hijos

Comprometerse a que el negocio sea rentable. Es el sentido del liderazgo que empezamos a asumir: el que la empresa sea rentable. Ese compromiso lo asumimos desde el momento en que empezamos a participar en la toma de decisiones, y se va profundizando a medida que van creciendo nuestras responsabilidades. Nuestras decisiones deben guiarse siempre por el criterio básico de toda empresa: la relación costo-beneficio.

Aprender a negociar. Compartir el poder de decisión significa que no es solo nuestro, que tenemos que negociar con nuestro co-líder las propuestas y que esto significa aprender a ceder.

Para padres e hijos

Compartir mirada y decisiones. Precisamente en esto se basa el liderazgo compartido. Padre e hijo, juntos, deben desarrollar una mirada común y acordar sobre las decisiones que hacen para el conjunto de la empresa, por lo que el diálogo entre ambos se vuelve fundamental.

Regular, a medida que pasa el tiempo, las decisiones y opiniones. Para que el período de liderazgo compartido sea fluido, a medida que pasa el tiempo el hijo tendría que ir adquiriendo mayor protagonismo en las decisiones, lo que significaría una gradual transferencia del poder por parte del padre. Regular esa transferencia no es sencillo, pero es necesario. Evaluar periódicamente los avances, ir definiendo nuevas responsabilidades que puede asumir el hijo, acordar la implementación de sus ideas, son algunas de las acciones a encarar juntos para lograrlo.

Qué no hacer

Como padres

Dejar el proceso de compartir decisiones para más adelante. Compartir el liderazgo es compartir el poder de decisión, y postergarlo sería negarse a iniciar esta etapa. **Una forma en que muchas veces se oculta esta resistencia a encarar el liderazgo compartido es cuando se les deja a los hijos solamente opinar, sin permitirles decidir.** En este caso, se está tratando al hijo como un asesor, no como un coprotagonista. Ser líder significa no solo tener voz, sino también voto.

Actuar como imprescindibles. Cuando el fundador muestra que la empresa no puede funcionar si no está él, en realidad exhibe sus falencias, no sus cualidades. Delegar responsabilidades, saber que la compañía sigue funcionando aunque no estemos presentes, son signos de crecimiento de la empresa que debemos aprender a valorar.

Aportarle a la empresa el patrimonio previsto para la vejez. Al principio de la empresa, era habitual que no hiciésemos distinción entre el patrimonio de ella y el nuestro personal. Pero a medida que el negocio fue creciendo y desarrollándose, en algún momento tuvimos que aprender a diferenciarlos. La empresa no necesita de nuestro patrimonio, tiene que arreglarse con el de ella para ser rentable.

Como hijos

No respetar el liderazgo del fundador. Nuestro padre sigue siendo líder de la empresa, por más que haya comenzado a compartir ese liderazgo con nosotros. Olvidar ese dato de la realidad, o comportarnos como si no existiese, genera rispideces personales, fortalece las resistencias paternas a ceder y delegar responsabilidades y, tarde o temprano, las paga la marcha de la empresa.

Quinta etapa: nuevo liderazgo

Durante la etapa desarrolladora, el fundador mantenía el poder. En la etapa de liderazgo compartido, el poder está distribuido entre el padre y el hijo. En la etapa de nuevo liderazgo es el hijo quien lo detenta. Independientemente de que el padre siga yendo a la empresa, el que manda y toma decisiones es el hijo. Sin embargo, está lejos de ser un poder absoluto como el que ejerció el padre.

Aprendamos a separar los roles

En la persona del fundador se conjugaban de manera inseparable los roles de hacedor, director y dueño. Esto quiere decir que él mismo dirigía, ejecutaba y era el propietario del negocio.

Cuando comienza el nuevo liderazgo, los roles se separan. El nuevo líder no es el único "patrón". Puede ser hacedor y director, pero será un accionista más entre otros. **La empresa tendrá otros dueños además de él, por lo que, además de dirigir la estrategia de la empresa para que siga siendo rentable, tiene la función de comunicar e informar acerca de sus decisiones y resultados.**

Función especial del nuevo liderazgo

Así como se dice que quien le otorga el título de "madre" o "padre" a una persona es su primer hijo cuando nace, en el caso de la pyme, el diploma de empresa familiar se lo da el líder de la segunda generación. Hasta ese momento era una empresa con un único dueño y líder –su fundador–, en la que trabajaban los hijos o alguno de ellos.

El desempeño de la segunda generación va a ser más breve que el del padre, pero fundamental y trascendente para consolidar la compañía como empresa familiar.

La empresa del fundador es el cimiento para una refundación

Hay varios motivos por los que la gestión del sucesor tiene muchas condiciones para crecer exponencialmente. Por un lado, muchas de las ideas contenidas durante años anteriores todavía esperan salir a la luz con toda su potencia. El hijo, que siempre quiso darle su propia impronta al negocio, postergó durante muchos años sus proyectos. Algunos de sus planes fueron descartados por él mismo, pero otros, madurados, tienen en su gestión la oportunidad de concretarse. Por otra parte, recordemos que la empresa, que para el padre era el techo, para el hijo fue solo el piso de sus aspiraciones. La familia más grande, los dividendos que cobran los accionistas y las nuevas necesidades hacen que también las pretensiones económicas le den mayor vuelo. Y, por último, la empresa ya tiene una trayectoria en el mercado que le permite tomar las nuevas exigencias competitivas como una oportunidad para el despegue.

Cuando los hijos están solos, toman decisiones diferentes que cuando las tenían que compartir con el padre. La empresa ya no es la misma, los hijos hacen una verdadera refundación a través del posicionamiento de la marca, de una nueva imagen, mayor inversión en comunicación y ventas, nuevos canales de distribución y un diseño profesionalizado de los productos o servicios.

Dos momentos diferentes en el nuevo liderazgo

Hay dos momentos diferentes en el nuevo liderazgo: mientras los padres viven, y en ausencia de ellos. Cuando los padres viven, nadie discute ni cuestiona la conducción del hijo líder. **Aunque el padre esté retirado, los otros hijos**, ya sea que desempeñen actividades dentro de la empresa o tengan su propia profesión fuera de ella, **todavía toman la empresa como un territorio del padre**.

Sin embargo, **en su ausencia, lo que hasta el momento no despertaba interés porque no les pertenecía, se transforma en lo heredado, y el sentimiento de posesión de lo que es propio cambia la trama de relaciones con la empresa.**

Hermanos que se dedican a otra actividad o que incluso viven en el exterior adquieren un nuevo interés en el funcionamiento de la empresa y quieren participar. Por eso el líder tiene que prepararse para este momento y ser consciente de que van a despertarse aspiraciones en los hermanos. Para eso es fundamental que desde el primer momento sepa que él es el director de un negocio que tiene otros dueños y que debe ganarse su respaldo para tener libertad de acción.

El dueño de una empresa metalúrgica tenía a dos de sus tres hijos trabajando en la empresa. El otro hijo, un ingeniero exitoso, trabajaba de manera autónoma en Toronto. El padre siempre decía: "Mi hijo, al que le va tan bien en Canadá, no quiere saber nada de la empresa. Siempre me dice: 'Papá, no me cuentes, no me interesa'".

Tras el fallecimiento del padre, que ya era viudo, se presentó este hijo ante sus hermanos diciéndoles que quería su parte, un tercio de la empresa.

Y hubo que comprársela, con la erogación que esto significaba.

Ante los requerimientos económicos de los hermanos, muchas veces el nuevo líder les exige trabajar en la empresa una determinada cantidad de horas para que justifiquen un retiro equivalente. Pero no es el mejor camino; muy por el contrario, **quienes tienen otras actividades fuera de la empresa es mejor que se dediquen a eso y que puedan cobrar buenos dividendos para que el líder siga ejerciendo su rol.** Y, a la vez, que sea la retribución por su gestión directiva lo que haga la diferencia conveniente para él.

Qué hacer y qué no hacer en el nuevo liderazgo

Qué hacer

Como padres

Ocupar solo el rol de consejeros o asesores. Desde el momento en que nos retiramos de la conducción de la empresa, nuestro mejor aporte como dueños y empresarios experimentados será de aconsejar y asesorar a su nuevo líder, nuestro hijo.

Inculcarles a los nietos el espíritu de la empresa. Los nietos suelen tener un vínculo especial con sus abuelos; todo lo que viene de ellos lo toman con afecto y sin los cuestionamientos que les hacen a sus padres. Como abuelos, que además fuimos fundadores, tenemos mucho para transmitirles a nuestros nietos: desde las historias épicas de los comienzos hasta los valores que quisiéramos preservar.

Reconocer que hay otro a cargo. Muchas veces es difícil, en especial en los primeros momentos. Desde ya que, como dueños, seguiremos teniendo un control sobre la marcha del negocio, pero este se basa en los resultados, no en el día a día o en la toma de decisiones. **En particular, debemos reconocer que, en muchos aspectos, podemos estar algo "pasados de moda", que las decisiones acertadas que tomamos en el pasado no se aplican o no resultan en la actualidad.**

Admirar los logros de la nueva conducción. Está en nuestro propio interés, como fundadores y dueños, que a la empresa le vaya cada vez mejor con su nueva conducción. También hace a nuestro legítimo orgullo de padres que sea así. Reconocer y admirar esos logros, además de la satisfacción de saber que hicimos las cosas bien como padres y como empresarios, es una ayuda para nuestros hijos y para su desarrollo futuro al frente de la empresa al fortalecerlos como líderes.

Hablar con los hijos y sentar las bases para cuando no esté. Cualquier documentación escrita tiene que expresar la voluntad del padre. Pero más allá de lo escrito es importante que el padre, en pleno dominio de sus facultades, reúna a sus hijos y les explique su voluntad para cuando no esté. Esto permite blanquear abiertamente, y con testigos, el rol que él le asignó a cada uno y lo que espera de ellos póstumamente. No hay documento más fuerte que las palabras directas del padre a sus hijos.

Como hijos

Ejercer el liderazgo responsablemente. La empresa que ahora lideramos tiene una historia, de la que somos parte, pero lo que es más importante, **tiene un futuro que depende de nosotros**. Asumir el liderazgo con responsabilidad, atendiendo al beneficio de la empresa y su continuidad, más allá de nosotros, posiblemente sea el legado más importante y la lección de mayor alcance que nos dejaron nuestros padres.

Respetar al fundador en su vejez. Si el fundador continúa con presencia en la empresa en tareas que no requieren liderazgo, tenemos que permitirle que "juegue" en el negocio. Y ante los cambios o reformulaciones que requiera la empresa, no está bien decirle que él hizo las cosas mal. La mayoría de las veces tampoco es necesario replantear alguna tarea que él continúa haciendo con métodos desactualizados, si no se trata de algo que sea determinante para el funcionamiento del negocio.

Un empresario de 50 años, líder de negocio de una reconocida empresa argentina con una importante filial en Brasil, nos viene a ver. Él, a cargo de la empresa en Brasil, nos comenta que su padre es un dictador con el cual no se puede dialogar acerca del estado del negocio.

Viajamos entonces a una ciudad del interior de la Argentina, donde residían sus padres. Al llegar, nos encontramos con una pareja de viejitos que ni siquiera eran capaces de comprender el tamaño de la empresa familiar. Lo único que necesitaban era cariño y contacto con sus hijos.

Tenemos que ser capaces, también, de abandonar la imagen que teníamos de nuestros padres y adecuarnos a su realidad de personas mayores de hoy.

Qué no hacer

Como padres

Pretender que nuestras opiniones se transformen en decisiones. El aporte que podamos hacer con nuestras opiniones y consejos no debe hacernos olvidar que la empresa tiene ahora un nuevo líder, que es el que debe tomar las decisiones.

Como hijos

Creer que no debemos rendir cuentas a nadie. A diferencia de nuestros padres, fundadores de la empresa, nuestro rol como líderes no incluye ser sus únicos dueños. Desde ya que las decisiones y la marcha de la empresa están en nuestras manos, pero a la hora del balance y presentar los resultados, debemos rendir cuentas de lo actuado.

LA IMPORTANCIA
DE VISUALIZAR EL FUTURO

Las decisiones no son solo para hoy
El cuadro de edades: el futuro no va a ser igual

Preparar el camino
Creencias o errores
Oportunidades o problemas

Edades significativas
De 38 a 43 años
Un hito importante: el fin del liderazgo del fundador

Qué hacer para completar el cuadro de edades

Cuadro de edades. Una herramienta de liderazgo

Nunca seré un hombre viejo.
Para mí, la vejez es siempre ser
15 años más viejo de lo que soy.
Francis Bacon[3]

---

3   Bacon, Francis: *Words of Wisdom.* Students' Academy - Lulu Press, Inc., E-book.
    ISBN 9781312422582, USA, 2014.

Las decisiones no son solo para hoy

Creemos tener conciencia del paso del tiempo y de que, en algún momento, vamos a morir. Sabemos que el ciclo de vida es una película y no una fotografía estática. Sin embargo, en un nivel profundo, nos resulta muy difícil aceptar esa idea. En el fondo, la película que suponemos de nuestro futuro es una fotografía de hoy que se sucede en cada fotograma en versión de film. En otras palabras, imaginamos nuestro futuro como una sucesión de situaciones iguales a las de hoy. En esa ilusión, no solo no cambia la película sino que no cambiamos nosotros como espectadores de nuestro propio guion, y tampoco cambia el resto del público.

Si miramos los diez últimos años de nuestra vida, en cuanto a valores, personas cercanas, situación económica y pasatiempos, nos damos cuenta de cuánto hemos cambiado. Sin embargo, y aunque nos propongamos cambiar, creemos que en el futuro todos vamos a ser como hoy, como si en cada etapa de nuestra vida ya se hubiera cristalizado el mundo posible.

Pero la empresa familiar impacta en las vidas futuras de las personas más amadas. Por eso hay que mirarlo y comprender que en algún momento el fundador no va a estar, ni dirigiendo la empresa, ni en vida.

En lo que tiene que ver con el alcance de las decisiones del fundador y en cómo repercuten en la relación que los hijos van a tener entre ellos, no es responsable obviar la mirada al futuro. Este capítulo es una alarma, quizá lo más importante de todo lo escrito en este libro.

El cuadro de edades: el futuro no va a ser igual

El cuadro de edades es la confirmación más clara de que el futuro no va a ser igual. Es un ejercicio para que realice no solo el fundador, sino también el cónyuge y los hijos, trabajen o no en la empresa familiar. El mejor momento para hacerlo es a partir de los dos o tres años del primer ingreso de un hijo a la empresa, y es conveniente repetirlo una vez por año, para mantener actualizada la visión de futuro que ayuda a tener. En el final de este capítulo incluimos el modelo del cuadro y las consignas para completarlo.

No es lo mismo mirar el cuadro que tomar un lápiz y completarlo con las edades que va a tener cada uno de los miembros de la familia en cierta cantidad de años. Este solo ejercicio amplía la perspectiva de hoy y despierta una conciencia diferente.

Al contrario de lo que pueda suponerse antes de realizarla, es una actividad que serena el ánimo, brinda perspectiva a las decisiones de hoy y transforma las relaciones de manera natural.

Preparar el camino

Visualizar el futuro impulsa a que seamos nosotros quienes tomemos las decisiones en lugar de que el tiempo decida en nuestro lugar.

Además, esa visión de futuro nos permite estar atentos a los cambios de cada uno de los integrantes de los eventos, no solo de la pareja del fundador y sus hijos, sino también de yernos o nueras y del personal clave.

Creencias o errores

Hay muchos casos en que los fundadores están distanciados con sus propios hermanos por diferencias societarias o económicas. Con sus pérdidas y dolores, seguramente esta experiencia dejó enseñanzas de por vida que propiciaron un esfuerzo por dar mejores mensajes y ejemplos a los propios hijos.

Sin embargo, el padre que ha tenido desencuentros con sus hermanos cree que sus hijos no los van a tener, justamente por la confianza que tiene en la forma en que los crio y por la relación que ve que tienen entre ellos.

Sin duda, la educación y los valores familiares son el soporte más importante para la continuidad de los vínculos afectivos. Pero más allá de los principios familiares que guían a los hijos, hay impulsos propios de la condición humana que oponen resistencia: la rivalidad entre hermanos, que es algo natural, el derecho de propiedad, el sentimiento de merecimiento y la influencia de la pareja.

En todos los casos, y más allá de las cuestiones económicas, empresariales o societarias, hay dos comportamientos diferentes de los hijos: el que mantienen cuando los padres están y el que tienen cuando ellos dejan de existir. No es malo, es la manera de seguir transitando el camino de la adultez madura. Pero es responsabilidad del fundador preparar las condiciones para que la relación de los hijos en su ausencia no esté dañada por problemas que él dejó sin resolver. En la empresa familiar tenemos que tener siempre presente que esquivar el conflicto es, paradójicamente, regarlo para que sea más fuerte y difícil en el futuro.

Oportunidades o problemas

Hay padres que evitan pensar en el futuro de los hijos porque consideran que "ellos se van a arreglar". Pero en la mayoría de los casos esta falta de previsión no tiene nada que ver con la desidia; es porque no le están viendo solución a algo que la tiene. Por suerte, la experiencia acumulada de empresas familiares ha ido aportando mapas acertados para prever las condiciones de convivencia entre los hijos cuando los padres no estén.

Justamente, la preocupación y la confusión acerca de lo que hay que hacer son propias de la transición del fundador a la siguiente generación. Las empresas familiares que ya vivieron un traspaso generacional desarrollaron la forma de abordarlo.

La empresa que el fundador ha gestado es una plataforma para el despegue de todos los hijos, independientemente del rol que cada uno tenga. El fundador les deja una riqueza que no hubiera existido sin él. En no pocos casos, hijos adultos tienen que sacar dinero de su bolsillo y restar beneficios a su propia familia para mantener a sus padres ancianos que, incluso habiéndose beneficiado en su juventud con muchas oportunidades, no tienen nada al final de sus días. El fundador que, al contrario, deja un patrimonio y una empresa rentable, sin duda tiene mucho mérito.

Por eso, hay que atreverse a pensar y diseñar responsablemente y antes de que sea tarde el futuro de los hijos. Y aunque siempre se las arregló solo, si en esto tiene dudas acerca de cómo seguir, tiene que saber que hay caminos probados que facilitan las buenas decisiones.

Edades significativas

En esa planificación del futuro, hay momentos de mayor importancia. Se trata de edades o situaciones significativas que conviene identificar, especialmente al completar el cuadro de edades.

De 38 a 43 años

Esta es una edad que hay que marcar de manera distintiva en el cuadro de edades cuando alguno de los miembros de la familia la esté transitando. Entre los 38 y 43 años, las personas solemos cambiar nuestros paradigmas "románticos" de que todo se puede, de que hay tiempo para todo y de que el futuro siempre va a ser más próspero.

Por ejemplo, antes de esa edad, los hijos piensan que la pareja es para siempre, y no les importa compartir todo, ya sea con los hermanos, con la pareja o con algún socio potencial que les guste.

Después de esta etapa comienzan a cuidar lo que es suyo y pueden sufrir resentimiento por aquello que cedieron prematuramente. A esta edad empiezan a notar que la vida es finita, y que es muy importante lo que hagan con ella. Se dan cuenta de que hay un tiempo de sembrar y un tiempo de cosechar, y que la franja de posibilidades es cada vez más limitada.

Es importante que el padre tenga en cuenta estos cambios que se dan en el hijo. Muchas veces tendrá que oponerse a un pedido muy común que los hijos suelen hacer antes de esa edad, que es el de asociar a su cónyuge. Si el padre no lo afronta con firmeza y cede participación en la empresa, estará privilegiando a los nietos de esta pareja, que en su momento heredarán las acciones del padre y de la madre.

Un padre, fundador de la empresa, nos dijo: "Ya hablé claramente con mi hijo sobre el hermano menor, y me dijo que, aunque su gestión era de mucha más responsabilidad que la de su hermano, estaba de acuerdo en que los dos tuvieran la misma remuneración".

Le respondimos: "Si tu hijo mayor todavía está en la etapa romántica, ese compromiso no es válido".

Antes de esa edad es imposible esperar una responsabilidad accionaria comprometida y eficaz, por lo que no habría que ceder acciones hasta que por lo menos lleguen a los 40 años.

Un hito importante: el fin del liderazgo del fundador

Al realizar el cuadro de edades es imprescindible que el fundador señale a qué edad siente que va a perder capacidad de liderar la empresa. En principio, no importa qué edad identifique. Lo más importante es que piense en qué momento ya no va a tener la potencia y la habilidad para mantenerse al día y tener autoridad sobre las nuevas generaciones.

Lo más valioso de identificar este hito es que permite tomar conciencia de que va a haber una edad de declinación. Saber envejecer es uno de los aprendizajes más difíciles de la vida, y es muy importante estar atentos a los signos que van apareciendo. Por ejemplo, un indicador de ese tipo es cuando uno empieza a sentirse "analfabeto" para una serie de novedades de la vida cotidiana –no entiende de qué tratan las marcas o las frases de las publicidades, no comprende las expresiones que usan los más jóvenes, siente resistencias al uso de nuevas tecnologías, entre otras muchas situaciones posibles–. Otro signo es cuando uno se da cuenta de que ha venido guardando cosas –archivos, herramientas, objetos de cualquier tipo– que ya no va a usar, porque no va a emprender los proyectos para los que servían. Y, desde ya, cuando los integrantes de la familia o el entorno le hacen ver situaciones de las que uno no se había dado cuenta; como cuando le dicen frases como: "No tenés edad para subirte a esa escalera y podar vos solo las plantas...".

También en la empresa aparecen síntomas. Cuando los hijos dicen: "Mi viejo no me delega nada", algo están expresando, y es conveniente empezar a percatarse de los cambios que, sin que nos hayamos dado cuenta, se están produciendo.

Saber anticiparse es una ventaja que tenemos los empresarios y los autónomos con respecto a los empleados. A un empleado, de un día para el otro le llega la edad de la jubilación, y por lo general es un momento muy difícil, que incluso puede generar una fuerte depresión y un cambio de rol muy brusco. Por el contrario, un empresario tiene la posibilidad de hacerlo de manera secuencial, planificando su progresivo retiro. Claro está que es necesario aprender a hacerlo, y no dejarnos estar.

Qué hacer para completar los cuadros de edades

Estar atentos a los cambios. Padres, hijos, yernos, nueras, todos tienen que estar atentos a los cambios y es conveniente que cada uno complete su propio cuadro. La edad, el nacimiento de un hijo, el fallecimiento prematuro de un amigo o las situaciones cotidianas de la vida cambian los enfoques y las actitudes de los miembros de la familia.

Decirse a uno mismo: "Todo esto lo hice por mí". La recomendación es que a partir de los 60 años, el fundador, en cada cumpleaños, se mire al espejo y se diga con convicción: "Todo esto lo hice por mí". Que se lo repita tantos cumpleaños como sea necesario hasta que sienta que efectivamente es así.

Incluir en el cuadro a los colaboradores clave. Los colaboradores clave, aquellos que generaron o generan un valor especial para el negocio, también tienen un límite de declinación y hay que reemplazarlos. Tienen que formar sucesores, concentrándose más en el *porqué* y el *para qué*, que en el *qué* y el *cómo*, que serán los desafíos de la nueva generación de colaboradores.

Cuadros de edades. Una herramienta de liderazgo

Para ser realizado por el hijo

Escenario futuro: cuadro de edades

	2016	2017	2018	2019	2020	2021	2022	2023	2024	2025	2026	2027	2028	2029	2030	2031
Nombre	Edad					Edad					Edad					Edad

Descargar cuadro en www.pasarlaposta.com

Consigna. En la columna de la izquierda escriba su nombre en el primer renglón y debajo, consecutivamente, el nombre de cada uno los miembros de la familia, incluyendo a los que no trabajan en la empresa y a los menores. Luego indique su edad actual y la edad de cada uno de los demás integrantes. Después complete en cada casillero la edad que usted tendrá dentro de 5, 10, 15 y 20 años y la que tendrá cada integrante. Conjeture qué lugar ocuparán en la empresa en esos años según su perfil y su edad, de acuerdo con los roles que se enuncian más abajo.

Para ser realizado por el padre
Escenario futuro: cuadro de edades

	2016	2017	2018	2019	2020	2021	2022	2023	2024	2025	2026	2027	2028	2029	2030	2031
Nombre	Edad					Edad					Edad					Edad

Descargar cuadro en www.pasarlaposta.com

Consigna. En la columna de la izquierda escriba su nombre en el primer renglón y debajo, consecutivamente, el nombre de cada uno los miembros de la familia, incluyendo a los que no trabajan en la empresa y a los menores. Luego indique su edad actual y la edad de cada uno de los miembros de la familia. Después complete en cada casillero la edad que usted tendrá dentro de 5, 10, 15 y 20 años y la que tendrá cada integrante. Piense qué lugar ocuparán en la empresa en esos años según su perfil y su edad de acuerdo con los roles que se enuncian más abajo. Indique específicamente en qué año y a qué edad dejará de conducir la empresa.

CAPÍTULO 7

LOS HERMANOS

La segunda generación tiene patrones
Los roles del fundador
Distintos roles, distintas alternativas
Accionistas

Lecciones sobre la segunda generación
1. Los hijos crecen diferentes
2. Equitativos, no igualitarios
3. Suposiciones del fundador
4. Cónyuges, ¿los "malos de la película"?
5. Alternativas para las decisiones del fundador

Qué hacer y qué no hacer

La segunda generación tiene patrones

La mayor dificultad para los integrantes de la segunda generación como líderes de una empresa familiar es comprender que, a diferencia del fundador, tienen patrones: los hermanos que también sean accionistas.

Como en el fundador los distintos roles estaban unidos, hay que hacerse a la idea de que deben diferenciarse. Tanto para el padre como para los hijos es de suma importancia aprender a distinguir esos roles, y prever quiénes y cómo los ejercerán en el futuro.

Los roles del fundador

El fundador es su propio operario de lujo. En las primeras épocas de la empresa se lo podía ver indistintamente atendiendo clientes, pintando el local, calculando el capital de trabajo o evaluando inversiones. E incluso ya maduro y con una empresa estructurada, a nadie le sorprendía verlo en tareas de operario o vendedor.

Con el tiempo, la empresa se fue estructurando con un organigrama por áreas, y las distintas funciones del negocio se fueron separando y especializando. Y aunque nunca va a dejar de tener intervención en todo, con la incorporación de gente fue delegando funciones.

Pero nunca dejó de ejercer las tres funciones empresarias principales:

- la de accionista,
- la de director
- y la de hacedor que, sin ser fundamental de su rol empresarial, alguna tarea ejecutiva va a conservar hasta la última etapa.

De modo que desde el principio y hasta su retiro, el fundador de una empresa será simultáneamente accionista, director y ejecutor.

El papel de accionista deriva del hecho de ser dueño. En cualquier tipo de negocio, un accionista es quien invierte y exige rentabilidad por su inversión. Esto significa que va a retirar dividendos por los resultados obtenidos, independientemente del trabajo que haya puesto en la empresa.

El director es quien decide la estrategia de negocio. La elección de productos o servicios, canales de ventas, procesos y recursos son funciones propias del director.

En el papel de **hacedor o ejecutivo** desarrolla operaciones concretas, como hablar con un cliente que tiene una deuda importante, vender o cerrar negocios, evaluar sistemas informáticos, etc. Aunque es fácil identificar las funciones operativas que ejecuta, es difícil encontrarlas separadas de los otros roles: **generalmente, cuando realiza una tarea también está tomando decisiones como director o como dueño**.

Algunas de las decisiones del fundador se refieren a inversiones, otras son estratégicas, mientras que otras son puramente operativas, pero él no se las plantea como diferentes. Desempeña los tres papeles de manera intuitiva y ni siquiera identifica cuándo tiene puesto el sombrero de dueño, cuándo el de director o cuándo el de hacedor.

Distintos roles, distintas alternativas

A partir de la presencia activa de la segunda generación y, forzosamente, después de la desaparición del fundador, los roles de accionista, director y ejecutor se separan y los asume su descendencia en las figuras de diferentes personas. Aparece también una cuarta alternativa como opción muy conveniente, aunque la mayoría de las veces no es considerada: la de los hijos que no van a tener relación con la empresa.

Los hijos adultos podrán asumir las siguientes funciones y responsabilidades, de acuerdo con sus respectivos roles:

	Ejecutivos	Directores	Accionistas	Hijos sin relación con la empresa
Funciones	Desempeñan funciones ejecutivas o gerenciales.	Marcan la estrategia de la empresa.	Son dueños pero no necesariamente tienen capacidad de dirección.	Heredan o reciben de sus padres otra propiedad compensatoria fuera de la empresa.
Roles de los hijos	Hijos que trabajan en la empresa y son accionistas.	Hijo que sea único líder y accionista.	Hijos que tienen propiedad sobre la empresa.	No tienen roles en la empresa.
Cobros	Remuneraciones.	Honorarios como directores.	Dividendos de la empresa.	No cobran de la empresa.
Responsabilidades con el resto de los roles	Ejecutar la estrategia de la empresa.	Entender que quienes son solo accionistas son dueños. Mostrar los resultados. Custodiar su rol de directores.	No intervenir en la estrategia. Exigir información sobre el resultado de la empresa. Apoyar el liderazgo del director si el resultado es bueno.	No intervenir en temas de la empresa. Desempeñar su rol familiar de hermanos.

Como vemos, las opciones para los hijos son diversas y es interesante explorar cuál es la que mejor se ajusta a cada uno. Hay que abrir el juego de alternativas porque las ideas rígidas no solo limitan sus posibilidades, sino que son una fuente de problemas innecesarios. Por ejemplo, pensar que la única manera de que los hijos tengan beneficios de la empresa sea trabajar ahí, es una fórmula problemática para aplicar a los que no tienen interés en involucrarse en el negocio.

La mirada prospectiva del padre acerca de los roles futuros es fundamental para plantear una **estructura armónica de roles**. Por ejemplo, si ve que algún hijo tiene capacidad de dirección pero supone que otro puede llegar a enfrentarlo si participa de la empresa, o, por el contrario, si cree que el hijo líder puede llegar a anular el desarrollo profesional de un hermano, lo mejor será diseñar una separación equitativa que no afecte la dirección futura de la empresa.

Accionistas

Ya sea que trabajen o no en la empresa, o que tomen o no decisiones estratégicas, los hijos del fundador que sean accionistas van a reclamar el derecho de intervenir y opinar porque van a ser **dueños**. Y recordemos que van a decidir la continuidad de quien lidera.

Así como el fundador tenía la sartén por el mango, y el fuego también, el futuro líder va a tener que "cocinar" el destino de la empresa familiar acordando, negociando, informando y apoyándose en sus hermanos accionistas.

Lecciones sobre la segunda generación

1. Los hijos crecen diferentes

Desde el día en que nace el segundo hijo, una de las cuestiones que más tratan de asegurar los padres es la de ser equitativos. No quieren hacer diferencias con los regalos, los festejos de cumpleaños, la elección de la escuela o incluso hasta en los recuerdos que se guardan de cada uno.

Pero el ideal de ser justos y equitativos con todos se va complicando a medida que crecen, porque a pesar de los esfuerzos por criarlos de la misma manera, ellos **son dife-**

rentes. Cada uno desarrolla su propia personalidad, un carácter distinto, distintas vocaciones, intereses, gustos...

Y, en particular, estas diferencias se vuelven más complejas cuando participan en la empresa familiar.

2. Equitativos, no igualitarios

En este aspecto lo primero que hay que diferenciar es que **ser equitativos no es ser igualitarios**. En realidad, ni aun cuando eran chicos se les daba lo mismo. No se les compraba idéntica ropa, ni los mismos juguetes. Pero tampoco se les dio el mismo tiempo, idéntica experiencia y ni siquiera las mismas reglas para todo. Y no necesariamente porque como padres tuvieran "preferencias", sino simplemente porque los hijos requerían o planteaban cosas distintas.

Con las ventajas y desventajas del lugar que cada hijo fue ocupando, no solo se criaron diferentes sino que, por suerte, **son** diferentes.

También en su vínculo con la empresa aparecen diferencias claras. Alguno es más ambicioso y proactivo, el otro más flexible y conciliador. Alguno tiene un máster pero le falta visión de negocio, y algún otro quizá no quiere, definitivamente, trabajar en el negocio.

3. Suposiciones del fundador

Dado que en la empresa del fundador no hay historia de empresa familiar, tampoco existe una orientación hacia el futuro como la que tienen las que ya vivieron un traspaso generacional.

Por esta falta de experiencia en un traspaso, es muy común que el fundador tenga suposiciones acerca del futuro de los hijos que da por hechas y que, en cambio, deje de lado otras que son imprescindibles para diseñar la empresa familiar.

Lo que **no** tendría que dar por hecho es que:

* La pareja actual de los hijos es la definitiva.
* El afecto entre los hermanos es más fuerte que la influencia de sus cónyuges.
* Si uno de los hijos lidera la empresa, sus hermanos van a respetar ese liderazgo en el futuro.
* Los hijos que se dedican a otras profesiones o actividades nunca se van a interesar por su parte de la empresa.
* Los hijos van a actuar de la misma manera cuando él no esté.

En cambio, en lo que tendría que prestar atención a sus suposiciones es si:

* Nota que un hijo es más ambicioso y tiene más condiciones de liderazgo.
* Observa criterios de vida y valores muy diferentes entre algunos de ellos, que se traducen en discusiones.

La mayoría de las veces, el fundador no prepara el camino para diferenciar los roles de sus hijos para cuando él no esté. Cree que el hijo director va a continuar siéndolo y que los hermanos que se han dedicado a otras actividades, o incluso viven en el exterior, no van a interferir en la dirección de la empresa.

Pero aunque los hijos se lleven bien mientras el fundador viva, cuando ya no esté, los intereses en juego, la influencia de los cónyuges y las diferencias no anticipadas van a salir a la luz.

Si no prepara el camino, los que están fuera de la empresa reclamarán su parte y pretenderán tomar decisiones que pueden obstaculizar al líder. Si el hijo director quisiera resolverlo comprándoles su parte, no solo podría no estar en condiciones de hacerlo sino que sería difícil de tasar.

Las suposiciones inteligentes para diseñar el futuro no se refieren a si los hijos son mejores o peores, capaces o incapaces, preferidos o relegados. Lo que tiene que observar el padre son las diferencias de personalidades y aspiraciones. **La clave es respetar y apreciar sus distintas maneras de ser, amarlos justamente en lo que tienen de únicos y prever las condiciones para que en el futuro la empresa sea una fuente equitativa de bienestar, y no de conflicto, para cada uno.**

4. Cónyuges, ¿los "malos de la película"?

Cuando los hijos forman una pareja estable es natural que sea la pareja, y no la familia de origen, la depositaria de su mayor compromiso y confianza. Y a su vez, es la pareja quien mejor conoce sus proyectos y frustraciones.

Muchas veces el cónyuge es quien expresa en voz alta lo que el hijo piensa y no siempre dice. Al verbalizarlo, potencia el sentimiento. Aunque la rivalidad puede ser manejada adecuadamente por el padre y los hermanos, como para el cónyuge su pareja es la persona que lo va a defender ante cualquier discrepancia, su perspectiva es más sesgada y se potencian los roces. Esto no significa que sean provocadores de peleas ni "los malos de la película"; es lógico que vean las situaciones desde su lugar de esposos y esposas, y que se pongan del lado de su pareja.

Para comprender el alcance de esto, imaginemos por ejemplo una situación en que una mujer que trabaja en un banco le cuenta frecuentemente a su compañero los problemas que tiene con su jefe: que es incapaz para la función, que la critica, que la responsabiliza de errores de él y que le pone frenos a su desarrollo. El marido seguramente se va haciendo una idea del jefe de su mujer y se indigna, aunque no lo haya visto nunca. En el caso de las parejas en la empresa familiar, el sentimiento que se genera es el mismo, con la diferencia de que al cuñado o a la cuñada lo ve todos los domingos.

Aunque no es fácil, es importante que eviten "hacer catarsis" con el cónyuge sobre su trabajo en el negocio familiar, porque en algún momento se les volverá en contra.

Es responsabilidad del rol de accionista entender que el papel que tiene como pareja es distinto del de accionista. Son sombreros y responsabilidades diferentes. Como pareja, los dividendos que lleve a su casa serán compartidos con su cónyuge. Pero como accionista le corresponden a él solo. A partir de los 38 o 43 años, como parte de los cambios que mencionamos en el capítulo anterior, estos dos sombreros se vuelven más visibles y definidos.

Por eso, de manera especial, los hijos que trabajen con la familia tienen que cuidar su relación con sus hermanos, con el fundador y con la empresa.

5. Alternativas para las decisiones del fundador

Si el fundador quiere ser previsor, tiene que pensar en sus hijos y también tiene que saber que las decisiones acerca de la herencia las puede tomar en cualquier momento para que se apliquen cuando él ya no esté.

Ser equitativo es su deber como fundador, pero más que nada como padre. Pero, insistimos, ser equitativo no significa uniformidad; puede tomar decisiones diferentes respecto de cada hijo; y, en la mayoría de los casos, conviene hacerlo. Las sugerencias que se describen a continuación no son las únicas posibles, porque las situaciones son variadas, pero abren el juego para que el fundador explore diferentes formas de distribuir los roles de sus hijos, con el objetivo de respetar sus diferencias y respaldar la relación entre ellos.

Aunque vea con capacidad a cada uno de sus hijos y quiera tener a todos dentro de la empresa, no siempre es lo más acertado para la relación entre los hermanos y para el propio desarrollo profesional de cada uno. Sin embargo, puede, y es sensato hacerlo, negar la entrada de algunos de los hijos cuando ya hay otro perfilándose con fuerte liderazgo.

En muchas ocasiones, hijos que son muy distintos se complementan muy bien en sus diferencias. Pero en los casos en que hubiera dos hijos con capacidad directiva que tuvieran diferencias insalvables entre sí, sería muy conveniente evaluar la posibilidad de dividir la empresa.

Con respecto a los hijos que no quiere que participen en la empresa, podría dejarles más patrimonio fuera de ella y a los otros dejarles mayor participación en la compañía. En este caso tendría que anunciarlo y que quede por escrito y firmada la conformidad de los hijos; esto evita dolores de cabeza futuros, porque pasado cierto tiempo la memoria es imprecisa sobre los acuerdos de palabra. Si no tuviera patrimonio fuera de la empresa, tendría que prepararse para comprar bienes patrimoniales para los hijos que no heredarán nada del negocio, para compensarlos equitativamente.

El fundador es también el custodio de que los cónyuges de sus hijos no tengan participación accionaria en la empresa, y le corresponde decidir en consecuencia ante el pedido de alguno de los hijos.

Si el fundador sabe prever con equidad el legado particular para cada hijo y aclararlo en vida, habrá dado el paso más importante para preservar la familia y la empresa.

Qué hacer y qué no hacer

Qué hacer

Como padres

Prever con bastante antelación. La expresión "el tiempo vuela" es más valedera que nunca en el caso de la empresa familiar, en especial cuando los hijos llegan a adultos. No pensar en su futuro, absorbidos por el día a día, y no planificar para cuando no estemos al frente de ella, es legarles a nuestros hijos no un patrimonio, sino una serie de problemas.

Ser equitativos y claros. Ser equitativo es "darle a cada uno lo suyo". Darle a cada hijo "lo suyo" requiere pensar qué les conviene más a ellos y a la empresa. Unos podrán ser accionistas; otros, cumplir también algún otro rol; uno, ser su líder; y puede convenir que alguno o algunos no tengan participación en la empresa, compensándolos con otros bienes patrimoniales (por ejemplo, la compra de un inmueble). Es fundamental que las decisiones que se tomen las sepan de antemano, con claridad sobre sus alcances y motivos, para evitar cualquier malentendido, resentimiento o conflicto en el futuro.

Como hijos

Ser conscientes de los distintos roles. El fundador reúne todos los roles en su persona. Pero ser accionista, director y ejecutivo son roles distintos, que ya no van a estar unidos de la misma manera y que debemos aprender a distinguir.

Saber que no somos los únicos dueños. Nosotros tendremos socios: los demás accionistas, dueños o patrones, ante los cuales debemos rendir cuentas.

Qué no hacer
Como padres

Creer que los hijos son idénticos. La experiencia familiar, como padres, nos muestra todos los días que nuestros hijos son diferentes. Olvidar esa evidencia a la hora de tomar decisiones sobre la empresa y su futuro es contraproducente, para el desarrollo profesional de nuestros hijos y para la continuidad de la empresa.

Suponer que todo seguirá igual. Creer que la conducta y la actitud actual de nuestros hijos con respecto a la empresa familiar se mantendrán sin cambios cuando no estemos es un error que lleva a conflictos, dentro de la empresa y en el seno de la familia.

Como hijos

Confundir a nuestra pareja con un socio de la empresa. Con nuestra pareja compartimos todo... salvo lo que no. Por ejemplo, el fútbol con amigos, la charla con cerveza que viene después, o también puede ser el grupo de yoga o de ciclismo. Lo mismo pasa con la empresa familiar. La sociedad conyugal que tengamos con nuestra pareja es distinta de la sociedad de la que podamos participar como hijos del fundador, ya se trate de que seamos solamente accionistas o tengamos además algún otro rol como director o ejecutivo.

CAPÍTULO 8

EL DINERO QUE GENERA LA EMPRESA: ALTERNATIVAS DE DISTRIBUCIÓN

El dinero y cómo asignarlo
Tipos de ingresos que genera la empresa

Remuneraciones
Particularidades de la retribución de los hijos
Las motivaciones del padre
La confianza no se paga, se cultiva
El "Efecto Pigmalión"
Los sentimientos del hijo
Conjeturas del resto de la familia

Lecciones de las relaciones económicas entre la empresa y la familia
1. El dinero es una herramienta de poder
2. Dime cuánto ganas y te diré quién eres
3. La remuneración es una contraprestación
4. Los padres no son buenos evaluadores del desempeño de los hijos

Qué hacer y qué no hacer en las relaciones económicas

Un ejercicio que habla por sus resultados

El dinero y cómo asignarlo

La empresa familiar es una fuente generadora de dinero. Los padres quieren ayudar a sus hijos y que estos tengan un nivel de vida adecuado a las posibilidades que pueden brindarles. Quieren ser imparciales en la ayuda que les dan, lo cual no es fácil, ya sea porque cada hijo hace una contribución distinta, en cuanto a valor para el negocio, o porque las necesidades que cada uno tiene por sus circunstancias de vida no son las mismas.

Entre los hermanos, trabajen o no en la empresa, se juega ante todo el sentido de lo que es justo, y las comparaciones que hacen en su intimidad, muchas veces fundadas en sus propios pensamientos, cada tanto salen a la luz.

El tema no es fácil, pero como todo en la vida, lo importante es dejar de lado aquello que no se puede controlar, como las situaciones de la infancia o las suposiciones introspectivas de cada hijo, y enfocarse en lo que sí se puede, que es precisamente la distribución del dinero a partir de las realidades del momento presente.

Tipos de ingresos que genera la empresa

Es necesario distinguir los diferentes tipos de ingresos que genera la empresa para sus miembros. Estos son:

- Utilidades
- Honorarios
- Remuneraciones

Utilidades

Las utilidades se cobran sobre la base de la participación accionaria de cada uno de los dueños y son proporcionales al resultado de la empresa. En todos los casos es conveniente que el 25% de las utilidades sea repartido entre los dueños de la empresa y el 75% sea reinvertido.

En este punto es necesario aclarar que es frecuente que en la primera generación haya dificultades para retirar el 25% de las utilidades. En primer lugar, porque la empresa no siempre lo permite, y en segundo lugar, porque las necesidades suelen ser mayores que sus resultados. Generalmente, el fundador considera que es conveniente hacer inversiones por encima de los resultados reales que tiene el negocio.

Existe además bibliografía que habla de empresarios ricos y empresas pobres como si esto fuese algo malo. Sin embargo, **es muy bueno que existan empresas flacas con patrimonios personales importantes, ya que esto genera en el empresario una distancia entre él y su empresa, que ayuda a que aumente la exigencia sobre lo que debe darle el negocio.**

¿Cómo aprender a escurrirle al negocio periódicamente parte de su resultado?

Para el empresario fundacional, el negocio ha sido el generador de su crecimiento económico y piensa que siempre hay que invertir en él para seguir creciendo. Sin embargo, esto significa quedarse "pegado" sin poder exigirle a la empresa lo que tiene que rendir. En la medida en que se tome conciencia de que el retiro de dividendos ayuda a exigirle mayor valor a la empresa, será más viable realizar retiros porque se lo verá como un vigorizante del negocio y no como algo que lo debilita.

Honorarios por dirección

Los honorarios por dirección son las retribuciones que reciben los directores, es decir, los líderes de la estrategia, quienes hacen que el negocio sea negocio y que permita un retiro de dividendos. Los honorarios de cada director son independientes de la cantidad de acciones que tenga. Incluso pueden existir directores que no sean accionistas del negocio.

En los jóvenes, los honorarios por dirección deberían aparecer cuando comienzan a compartir decisiones estratégicas sobre la empresa. Esto se da a partir de la etapa de liderazgo compartido.

Sueldos

Por último, aunque en general es el primero de los cobros que reciben los hijos de la empresa, está el sueldo por la gestión; es decir, como contraprestación del trabajo que realizan en ella, de su tiempo, capacidad y resultados.

Para las remuneraciones, debe considerarse el valor de la gestión en cada momento, que deberá ser acorde con sus tareas.

Remuneraciones

Cuando el hijo ingresa a la empresa familiar, el sueldo lo decide el padre. El padre es empleador y el hijo es empleado. **No habrá de qué extrañarse si estos cuatro roles (padre, empleador, hijo, empleado) se confunden en la administración del aspecto más simbólico de la relación: las remuneraciones.**

Particularidades de la retribución de los hijos

Cuando el hijo todavía vive con sus padres, los ingresos en dinero que percibe de la empresa los usa exclusivamente para sus gastos personales. Esto le permite tener un buen nivel de vida, ya que la familia le sigue pagando la vivienda, la comida, el sistema de salud, la universidad, el seguro del auto, la cuota del teléfono móvil…

A medida que el hijo crece, aparecen otras necesidades en su vida, como irse a vivir solo, vivir en pareja, cambiar el auto, o más adelante compromisos de su nueva familia: los gastos diarios, medicina y escolaridad de los hijos.

Si trabaja en la empresa pero asume nuevos compromisos económicos, habría dos opciones: que disminuya el nivel de vida o que la empresa se vaya haciendo cargo de sus compromisos. Y esto último sucede en la mayoría de los casos: la empresa lo ayuda y va asumiendo esas nuevas necesidades. Esto no lo pide el hijo, suele ser una determinación implícita del padre. El hijo la acepta.

Por otra parte, a diferencia de las remuneraciones que cobran los empleados, lo más común es que para el hijo no haya un día o período de pago del sueldo mensual. Los cobros en dinero irán dependiendo del flujo financiero, de las urgencias de pago que tenga el hijo frente a compromisos personales y de otras circunstancias eventuales.

De manera que, **en la mayoría de los casos, el hijo percibe un dinero mensual, que cobra de manera irregular, sumado a otro conjunto de beneficios que percibe "en especie", por los gastos de los que la empresa se hace cargo**. En otros casos, la informalidad es todavía mayor: el hijo va retirando según sus necesidades o el padre le va otorgando según lo que él considera que son las necesidades del hijo.

Como consecuencia de todo esto:

1. Ninguna de las dos partes conoce las retribuciones reales que percibe el hijo. Si se le preguntara al padre, enumeraría, además del sueldo, todo lo que se le paga en especie, mientras que el hijo contaría solo el dinero contante y sonante.

2. La forma de retribución, tanto en cantidad como en periodicidad, es incongruente con la forma de pago de las remuneraciones por desempeño. Nadie puede tomar un compromiso económico de compra (en cuotas o al contado) si no sabe cuánto gana ni cuándo cobra...

3. Los beneficios económicos que percibe el hijo de la empresa familiar no corresponden específicamente

a su puesto ni a sus resultados, sino que van en función de sus necesidades. Casi no existe relación entre su empleo y su retribución. Se parece más a lo que los padres les daban como cuidados o regalos cuando eran niños que a la remuneración que percibe una persona adulta por su trabajo.

Cuando varios hijos trabajan en el negocio y tienen diferentes situaciones de vida –por ejemplo, si uno tiene una familia con varios hijos y el otro es soltero–, se nota mucho más que la retribución es según la necesidad económica de cada uno, más que por el desempeño.

En la empresa familiar, de por sí, no es fácil separar las cosas. Y la modalidad de retribución económica (el cuánto y el cómo) es el símbolo fiel del andamiaje de relaciones y posiciones de sus miembros. La cantidad y la forma de retribución les dicen mucho al hijo, al resto de la familia y a los otros empleados acerca de cuánto vale, qué lugar ocupa y cuál es su grado de autonomía o dependencia.

Las motivaciones del padre

Como "empleador" y como dueño, el padre es el que establece las reglas de juego. Si bien estas situaciones "se van dando" naturalmente ante distintas circunstancias, aunque no sean decisiones pensadas y previstas **surgen de la iniciativa del padre**. El hijo las acepta, al principio sin resistencia interna. Con el paso del tiempo, esto que inicialmente fue eventual y era más bien una manera de acomodar las cosas, se vuelve fijo.

Cada una de las partes no solo tiene diferentes intereses sino, ante todo, distintos niveles de satisfacción con las cosas tal cual están planteadas. La resistencia interna del hijo aparece pronto. El padre está mucho más cómodo con las cosas tal cual él mismo las fue articulando, y no verá las consecuencias de este formato hasta que el hijo lo plantee abiertamente o hasta que descubra que el hijo está en la empresa porque es el único lugar que le permite mantener determinado nivel de vida.

¿Por qué el padre dispone las remuneraciones de esta manera? Son varias las razones que, sumadas, generan esta modalidad. Por una parte, es difícil decidir la remuneración de los hijos, sobre todo en las primeras épocas. La vida familiar se filtra en la vida empresarial. Generalmente, el hijo todavía vive con sus padres, y ellos siempre quieren estar seguros de que nunca les falte nada. Por otra parte, el padre quiere que los hijos tengan un nivel de vida congruente con el de la familia. Si tiene una vivienda importante, un auto de mucho valor y se puede permitir gustos privilegiados, quiere que los hijos tengan un nivel de vida proporcional al suyo. A todo esto se le suma la preocupación de que el hijo sepa utilizar bien el dinero, que pague la universidad o que no deje de lado prioridades como la educación de sus propios hijos o la atención médica, por lo que prefiere pagarlas directamente.

También quiere evitarle el estrés y los problemas que podría tener si el dinero no le alcanzara.

En situaciones menos extremas, el padre le paga un buen sueldo, pero para asegurar que las prioridades se atiendan, por las dudas, le dice cuál es la manera más conveniente de utilizarlo.

Son motivos lógicos que la mayor parte de los padres quisieran poder asegurar a sus hijos, sobre todo si están en condiciones de hacerlo. De lo que no se dan cuenta es que todas estas maniobras disminuyen la independencia del hijo. Con el paso del tiempo, se puede llegar a encontrar con un hijo que nunca rompió el cordón y que, aunque tenga todos los beneficios de una situación económica holgada, no sabe tomar decisiones económicas importantes por sí mismo.

La confianza no se paga, se cultiva

Más allá del largo listado de motivos que tiene el padre para componer su ambigua fórmula de compensaciones, hay uno que tiene especial importancia: la confianza.

De todas las personas que trabajan con él, el hijo es el único en quien confía plenamente. Tiene colaboradores de "la primera hora", personas capaces, responsables, que han estado codo a codo con él en momentos difíciles. También gente nueva, inteligente, que tiene la "camiseta puesta". Sin embargo, la experiencia de muchos años de empresario le enseñó que no hay que confiarse del todo en nadie. Cuando un empleado plantea ideas o le sugiere cambios, él tiene una doble evaluación: la de la idea que propone y la de lo que hay por detrás. Permanentemente está decodificando cuál puede ser la intención que hay detrás de las propuestas. "¿Qué busca en el fondo, qué motivo personal lo lleva a plantear esta idea?", son preguntas que no puede dejar de hacerse mientras escucha.

En cambio, su hijo es su interlocutor fiel. Su hijo no tiene segundas intenciones, y esto vale más que la inteligencia, el conocimiento o la lucidez de los otros. Él sabe que lo que su hijo sugiera o plantee lo hace pensando solamente en lo mejor para el negocio.

Sin embargo, la confianza no es una "condición" indeleble, que está y permanece dada. Se trata de una relación entre personas y hay que nutrirla. Así como una planta no puede sobrevivir sin aire, luz y agua, la confianza no se mantiene si el padre no permite espacios para que su hijo pueda disentir y pedir. El control y las decisiones ocultas dañan una relación natural. De entrada, todo está dado para que el hijo sea la persona de mayor confianza de la empresa, pero hay que cultivarla, no con dinero: con receptividad.

El "Efecto Pigmalión"

Si el hijo es talentoso y tiene iniciativa, su carrera profesional en la empresa suele ser meteórica. No solo porque desayunó con la empresa desde niño, sino porque el padre lo mira y su sola mirada lo hace crecer. Se produce lo que se llama "Efecto Pigmalión", basado en el mito del escultor Pigmalión que se enamora de su estatua de la diosa Afrodita, que lo premia haciendo que la escultura cobre vida. Es un fenómeno muy trabajado en el ámbito educativo y laboral, en el que se observa que la creencia que un profesor o un jefe tienen sobre un alumno o un empleado influye en su rendimiento. Se trata de un caso de profecía autocumplida. Al suponer que ese alumno o empleado es especialmente talentoso, le presta más atención, le brinda mayor reconocimiento y, por lo tanto, independientemente de sus propias condiciones, el rendimiento termina siendo excepcionalmente superior gracias al refuerzo positivo de la atención de su profesor o jefe.

La mirada, el reconocimiento e incluso la crítica generan una realimentación permanente que estimula al hijo a mayores desafíos. Esto, en su conjunto, también tiene incidencia en las decisiones sobre remuneraciones.

Los sentimientos del hijo

El hijo, por su parte, no está feliz con esta situación. No solo siente que no tiene nada que le corresponda por su propio mérito, sino que le molesta no poder elegir lo que quiere. Siente que las intromisiones del padre van mucho más allá del trabajo en la empresa: se mete con el modelo de auto que le conviene, con la escuela de sus hijos y hasta con las vacaciones.

El hijo no valora lo que el padre y la empresa le dan. No lo reconoce ni como un beneficio, ni como propio. Está lejos de sentir agradecimiento. No lo eligió. Lo acepta y lo usa. Y encima, tiene que escuchar que no solo su padre sino otros miembros de la familia cada tanto le insinúen que tiene privilegios.

Siente que trabaja mucho, que se lo merece, que logró resultados para la empresa, que a sus hermanos también los ayudan aunque no trabajen en el negocio, que él jamás planteó que las cosas fueran así y que aceptó las condiciones del padre para no generar problemas. Encima, ahora tiene una familia, con sus exigencias y un montón de compromisos que mantener. Se siente atrapado en un callejón sin salida.

Frente a esta situación, muchas veces busca influenciadores dentro de la familia. Le comenta a su madre que en realidad hubiera preferido tener dos autos económicos, uno para él y otro para su mujer, y no el que el padre quiso. También suele transmitir mediante indirectas que todo lo decide el padre.

Su situación no es fácil. Nadie es inocente en esta historia. Ser un receptor pasivo no significa estar ajeno y libre de errores. Es cierto que no fue él quien puso las reglas del juego, que cuando las fue aceptando ni siquiera sabía en lo que se metía, pero también es verdad que en un punto, cuando vio las cosas claras, no pudo o no quiso plantear cambios. Nunca es tarde para hacerlo, y se puede buscar la manera más adulta y con menores pérdidas para desenredar esta madeja y dar un paso en su autoestima.

Conjeturas del resto de la familia

Cuando las cosas no están claras, y sobre todo cuando hay otros hijos que no trabajan en la empresa, en el resto de la familia aparecen las conjeturas y el rumor.

Mientras los que no trabajan en la empresa piensan que el que está adentro es un privilegiado, el hijo que trabaja siente que todo lo que tiene se lo ganó e incluso se llega a sentir dueño cuando no lo es. No solo tiene que asumir el rol del favorecido, sino que tarde o temprano se entera de que el padre también les pagaba cosas a sus hermanos, que, en su caso, aparecían dentro del sueldo.

Lecciones de las relaciones económicas entre la empresa y la familia

1. El dinero es una herramienta de poder

Como padres y como empresarios, sabemos muy bien el poder del dinero. Lo hemos vivido en carne propia, en nuestra evolución empresarial y económica. El dinero nos dio cabida en otros espacios, nos mostró valiosos ante la familia y entre los amigos y nos dio seguridad emocional y financiera. En la empresa y fuera de ella lo hemos usado con los otros para premiar, castigar, aumentar nuestro poder y generar adhesión.

Con nuestro hijo tenemos un poder natural, por ser sus padres, y quieran o no ocupamos uno de los espacios más importantes en su mente y en sus decisiones. No necesitamos incrementar nuestro poder a través de la manera en que gestionamos el dinero; lo que necesitamos es que ellos desarrollen su propio poder personal, que sean independientes. Esto implica que van a tomar decisiones diferentes de las nuestras, y que van a equivocarse y a aprender por sí mismos.

Si nuestro hijo trabaja con nosotros, tenemos que saber que hay prácticas que más que nuestro poder aumentan su dependencia, y esto, a la larga, genera resentimiento. Pagarles de manera irregular, con cuentagotas, en especie abonando gastos elegidos por nosotros o pagarles mucho más de lo que su desempeño merece, son artimañas que no tienen un buen final ni en cuanto a su independencia económica ni en lo que hace a la relación.

El que maneja la caja maneja el poder. Pero cuando se trata de nuestro hijo que trabaja en la empresa, hay que abandonar la sensación de poder que nos da el dinero y eliminar cualquier práctica que aumente su dependencia.

Como hijos, tenemos que sentarnos al volante de nuestra situación económica. Nuestro padre y la empresa pueden marcar las rutas, pero tenemos que ser nosotros quienes decidamos adónde vamos. Esto significa apropiarnos de nuestras decisiones económicas y de sus consecuencias. **Si nuestras únicas decisiones económicas son menores y no tienen relación con nuestro estándar de vida, quiere decir que nuestro padre está tomando decisiones por nosotros.**

Sea cual fuere la situación en que nos encontremos, lo primero que tenemos que hacer es dejar de justificarnos, victimizarnos o reprochar. Es necesario empezar a actuar. Con pequeños actos que sean posibles y hablen más que las palabras; no para los otros, para nosotros mismos.

Un acto pequeño de audacia, y enorme en consecuencias, puede ser, por ejemplo, exigirle a nuestro padre que modifique no cuánto nos paga sino cómo lo hace. Pedirle que determinado día del mes nos dé todo el dinero junto y no con cuentagotas, y mantenernos firmes en esa posición. Este podría ser un diálogo asertivo:

> Hijo: –Quería hablar por el tema de mi sueldo. De la manera en que me pagás, me resulta muy difícil administrarme y planificar mis gastos. Por eso te pido que acordemos un día del mes, que sea siempre el mismo, y cobrar todo junto.
>
> Padre: –Es que te voy pagando a medida que puedo. Si no, ¡te tendría que pagar el día 20!
>
> Hijo: –Prefiero que me pagues más tarde, pero saber qué día va a ser, y que siempre sea el mismo.

Padre: –Está bien. Igual, entretanto, si tengo te voy a ir adelantando.

Hijo: –No. Te agradezco, pero eso a mí no me ayuda. Lo que me ayuda es tener certezas; prefiero cobrar el 20 todo junto.

Este diálogo muestra cómo podemos, como hijos, expresar nuestra necesidad de mejorar el *cómo* sin agredir. Y aunque nuestro padre, que todo lo quiere decidir, intente alterar nuestra propuesta, podemos mantenernos cordialmente firmes. Es probable que nuestro padre no entienda y que se quede pensando, pero es el primer paso para empezar a actuar de otra forma.

2. Dime cuánto ganas y te diré quién eres

Como padres

Como empresarios, sabemos que la remuneración es un símbolo que les habla a los empleados acerca del lugar que ocupan en nuestra empresa y en el mundo del trabajo.

Como padres, tenemos que cuidar que nuestros hijos desarrollen una percepción realista de su valor y que sientan por sí mismos la necesidad de superarse, agregar más riqueza al negocio y ganar más dinero. Si ellos tienen un bienestar interesante asegurado, si les pagamos la confianza que les tenemos como principal atributo, si da lo mismo que logren más o menos beneficios para la empresa porque el sueldo corre por otra vía, es difícil que con estos mensajes se esfuercen por alcanzar más.

Es necesario buscar la manera de anclar su sueldo a indicadores más objetivos, en los cuales las necesidades económicas de nuestro hijo y nuestras necesidades emocionales no sean la variable de ajuste. De lo contrario, es muy difícil que la remuneración sea para ellos un símbolo válido de su desempeño profesional.

Como hijos

Si sentimos que nuestro sueldo es arbitrario o que incluso ganamos más de lo que creemos merecer, nuestra autoestima y valoración personal disminuyen. Siempre nos vamos a sentir en deuda, que no es lo mismo que sentirnos agradecidos. Vamos a estar aclarando el valor de nuestro trabajo, haciendo esfuerzos insólitos para merecer el sueldo o dando explicaciones innecesarias a la familia.

No tenemos que aceptar condiciones ni beneficios que después nos generen rencor. Y si hay algo que nos da poder, es la renuncia. Decir que no cuando nos ofrecen un beneficio que no elegimos. Por ejemplo, si nuestro padre ya alquiló una casa para todos en Punta del Este y le decimos que no, que no vamos a ir y que nos vamos a pagar nosotros las vacaciones que podamos, el mensaje de "poder" que le damos es fuerte. Hace falta renuncia y decisión, pero la recompensa que vamos a obtener no tiene precio.

3. La remuneración es una contraprestación

Por definición, la remuneración es el pago a cambio de un servicio que contribuye a generar más riqueza para el negocio. Todo lo demás que reciba el hijo podrá tener otro motivo y otro nombre: regalo, ayuda, préstamo, reparto de dividendos.

Como padres, hay un paso muy grande que podemos dar en este sentido y que no requiere ni que restrinjamos drásticamente lo que le estamos dando a nuestro hijo ni que modifiquemos nada de lo que estamos haciendo. Simplemente se trata de modificar las palabras, de llamar a cada cosa por su nombre y de consultar a nuestro hijo si está de acuerdo o no.

Aunque no es lo más conveniente ayudarlos con gastos mensuales, sino patrimonialmente, si de todas formas ya lo estamos haciendo conviene aclarar qué es remuneración y qué es ayuda. Por ejemplo, si el seguro del auto se lo pagamos a todos nuestros hijos, trabajen o no en la empresa, le decimos: "El seguro del auto te lo pagamos como padres a vos y a tus hermanos, no es parte de tu sueldo. Es una *atención* que quiero tener". Si quiere cambiar el auto y deseamos ayudarlo con la suma de cuotas que tiene por delante, podemos decirle: "Te quiero ayudar con las cuotas como un *préstamo*. Es un *préstamo* que podés pagarme cuando puedas".

De esta manera, aclarando los términos, ayudamos a diferenciar lo que es remuneración por su trabajo de lo que no lo es.

Cuando los hijos saben que la remuneración es proporcional a su rendimiento, el desempeño es superior. Además, crece su confianza en sí mismos porque se dan cuenta de que no están atados a la empresa. Al mismo tiempo, mejoran la integración y el respeto de los empleados no familiares, porque si bien saben que el hijo es distinto, lo respetan por sus propios méritos.

Como hijos, también nos conviene a nosotros empezar a llamar a las cosas por su nombre y pedir aclaraciones a nuestro padre: "Esto, ¿es una ayuda que me das a mí solo, o a mis hermanos también?" o "Anoté esta lista de cosas que me paga la empresa, quiero saber cuáles serían parte de mi sueldo y cuáles son una atención que mis hermanos también tienen".

Muchas veces sentimos que tenemos beneficios de más, sin saber que quizá nuestros hermanos también los están recibiendo. O demasiado tarde nos enteramos de que a ellos les dieron alguna ayuda importante.

Parecen cuestiones simples y, sin embargo, son difíciles de abordar. Cuando lo hagamos, que sea sin reproches, sin estar a la defensiva, sin cuestionamientos. El solo hecho de lograr mayor claridad nos coloca en un lugar diferente y nos muestra mucho más proactivos en nuestro destino financiero.

4. Los padres no son buenos evaluadores del desempeño de los hijos

Resulta muy difícil evaluar la gestión de un hijo. Su valoración está sesgada por un sinfín de factores afectivos. Para que el padre pueda salir de ese rol es aconsejable que, en el momento que sea, se comprometa con los hijos para que dentro de un par de años a partir del momento en que se lo comunica, las remuneraciones serán evaluadas por un profesional especializado.

Un acuerdo de este tipo no es amenazante, ya que para los hijos dos años es mucho tiempo, pero a la vez les muestra como provisorio el valor de hoy y les permite modificar su desempeño o sus expectativas para ese momento. Y, por supuesto, lo alivia al padre del compromiso de tomar esta difícil decisión y aporta un marco de objetividad al tema. Las definiciones que luego dé un profesional se ajustarán al perfil de sueldos de la empresa.

Qué hacer y qué no hacer en las relaciones económicas

Qué hacer

Como padres

Diferenciar remuneración y ayuda. Si queremos ayudar a nuestros hijos, al margen de lo que corresponde como remuneración por su desempeño, hagámoslo como padres –no como "empleadores"–, decidiéndolo en combinación con la madre. Lo mejor es hablarlo en un lugar que no sea la empresa y en un día no laboral.

Diseñar una fórmula de remuneración. Que la retribución que les paguemos a los hijos que trabajan en la empresa responda a criterios objetivos, relacionados con los sueldos de los empleados de mayor categoría. Por ejemplo, que el sueldo del hijo sea siempre un determinado porcentaje superior que el del jefe de producción o de ventas.

Remunerar de manera congruente. Tener en cuenta los sueldos de mercado al fijar la remuneración de los hijos y pagarla de manera regular.

Ayudarlos patrimonialmente y no con mensualidades. Es importante que la ayuda que les brindemos no sea en gastos mensuales sino en bienes perdurables. En primer lugar, los bienes se perciben como "regalo" y no como "derecho". Y por otra parte, no les evitan el aprendizaje financiero, la experiencia y la autonomía que es conveniente que tengan para tomar sus propias decisiones sobre la manera en que utilizan el dinero.

Esperar a que los hijos alcancen su propio estatus económico. Muchas veces ayudamos a nuestros hijos para que tengan una vida acorde con nuestro propio estatus económico. Vemos en ellos un reflejo de nuestros propios logros y por eso queremos sentir que les va bien. Sin embargo, es nuestra propia ansiedad lo que nos motiva. Ellos ya parten de una situación mejor que la nuestra y tenemos que esperarlos a que vayan alcanzando por sí mismos las mejoras económicas que se logran en el transcurso de la vida, sin anticiparnos.

Como hijos

Preguntarse: "¿Qué creo?, ¿que la plata me la gano o que me la dan?". Es importante hacernos a nosotros mismos esta pregunta e indagar en nuestras verdaderas creencias al respecto. Si creemos que no nos la ganamos, estamos ante un problema de autoestima, de falta de sensación de mérito propio y, como consecuencia, de falta de independencia económica. Si en cambio sentimos que nos la ganamos y que es nuestro padre el que piensa que nos la da, aunque no sea lo mejor, es un problema menor, porque no está en juego nuestro propio sentimiento de valor.

Proponer relaciones claras en cuanto al dinero. Pedir que se nos aclare qué recibimos como retribución por nuestro desempeño en la empresa y qué responde al deseo de nuestros padres por ayudarnos. Plantear que esa remuneración, además de tener un *cuánto* determinado, la cobremos en forma regular.

Qué no hacer

Como padres

Pagar la confianza. La confianza en nuestros hijos no es un "haber" medible en dinero, sino una relación personal que se cultiva con receptividad en el diálogo.

Pagar en especie. Pagar los gastos de los hijos, como si fuera parte de su remuneración, desdibuja los límites entre lo que es sueldo y lo que es ayuda, y les quita independencia.

Pagar de manera irregular. El pago con cuentagotas, el pagarles en la casa y, en general, todo lo que se aparte de las prácticas de la empresa respecto de las demás remuneraciones confunden a los hijos y limitan sus decisiones.

Pagar de más. Pagar mucho más que lo que se abona en el mercado laboral para una posición equivalente, además de ser un mal negocio para la empresa lleva a que el hijo no tenga una medida verdadera del valor que genera.

Ser "consejero de gastos" del hijo. No corresponde de ninguna manera darle consejos sobre cómo usar el dinero, meterse en sus cuentas o extorsionarlo diciéndole, por ejemplo: "Te compro el auto si te compras este".

Decirles a los hijos que no trabajan en la empresa cuánto cobra o retira el hijo que labora en ella. Tampoco corresponde que hagamos esto. Como padres, no tenemos ningún derecho a decir cuánto gana nuestro hijo.

Como hijos

Aceptar la falta de claridad. No tenemos que aceptar

como "natural" no tener en claro cuál es nuestra remuneración en la empresa ni tener reparos en preguntar sobre lo que es nuestro.

Para padres e hijos
Tener diferentes percepciones sobre la remuneración. Cuando padre e hijo tienen distintas percepciones acerca de la remuneración que cobra el hijo, estamos ante una falta de claridad. Y como toda disparidad de visiones, tarde o temprano afectará negativamente la relación. Sin embargo, es uno de los problemas más habituales en materia de relaciones económicas entre empresa y familia. Conviene armonizar las percepciones, "aclarar los tantos"; cuanto más temprano, mejor.

Un ejercicio que habla por sus resultados

Un ejercicio sencillo, y muy revelador, que permite trasladar a valor dinero la remuneración que percibe el hijo, es el siguiente:

Padre:
- Sumá todos los sueldos pagados en dinero a tu hijo en el año.
- Por otra parte, traducí a valor dinero todos los beneficios económicos que cobra en especie durante el año (seguro y mantenimiento del auto, escuela de los nietos, salarios del servicio doméstico, etc.) y sumalos.
- Sumá los dos valores, el que cobra en dinero y el que cobra en especie durante un año.
- Dividilo por 12. Esto te dará un valor neto de lo que tu hijo percibe mensualmente de la empresa.

Hijo:

- Sumá todos los sueldos que cobrás en dinero durante el año.
- Traducí a valor dinero todos los beneficios económicos que cobrás en especie durante el año (seguro y mantenimiento del auto, escuela de tus hijos, salarios del servicio doméstico, etc.) y sumalos.
- Sumá los dos valores, el que cobrás en dinero y el que cobrás en especie durante un año.
- Dividilo por 12. Esto te dará un valor neto de lo que percibís mensualmente de la empresa.

Padre e hijo:

Sobre la base de los valores mensuales que alcanzaron, reúnanse y conversen sobre un valor mensual más transparente que la manera en que venía cobrando el hijo hasta el momento, que sea percibido únicamente en dinero y no en especie.

CAPÍTULO 9

COMUNICACIÓN ENTRE PADRES E HIJOS

Diferentes interpretaciones de la empresa
La empresa interiorizada del fundador
La empresa simbólica del hijo
Cómo construir un diálogo compartido
Hacia una perspectiva superadora

Las conversaciones determinan la relación
El poder de las conversaciones
Consecuencias de las conversaciones frustrantes

Lecciones para la comunicación entre padres e hijos
1. Las formas son el mensaje
2. Comenzar una relación adulta
3. Los límites
4. Tres factores clave: cómo, cuándo y dónde
5. Algunas frases efectivas

Qué hacer y qué no hacer en la comunicación entre padre e hijo

Diferentes interpretaciones de la empresa

El fundador y los integrantes de la siguiente generación tienen interpretaciones diferentes de la empresa. Y es natural, porque la vivieron desde perspectivas distintas, con experiencias diversas.

Tomar conciencia de que es así es una de las claves para empezar a mejorar esa comunicación.

La empresa interiorizada del fundador

Sin brújula y abriéndose paso a punta de machete, el empresario fundacional fue tanteando el camino para darle continuidad a su proyecto de negocio. Finalmente, plantó bandera en un espacio de mercado que hizo suyo. A fuerza de construir su propio territorio, conoce en carne propia los atajos y pasadizos. Y como si fuera poco, sus sensaciones le bastan para anticipar temporales y tormentas.

El conocimiento que fue adquiriendo de su empresa estaba fundado en sus sentidos. Miraba la cara de un empleado ante un pedido, veía las estanterías de productos, escuchaba el tono de voz de un cliente, y sobre la base de sus acciones y percepciones se iba representando la empresa.

Sus tanteos siempre tenían consecuencias, buenas o malas, y le sirvieron como guías para orientarse. Fue así como estableció sus propias hipótesis y desarrolló criterios para interpretar lo que pasaba en la empresa.

Las principales señales que usa el fundador para saber dónde está parado son:

- el estado de la caja,
- las ventas y posibilidades de venta y
- la cobranza.

Con esto le es suficiente; el resto de la información está completa y herméticamente archivada en su memoria. Su comprensión de la empresa le resulta tan palpable que no entiende cómo otros no la captan a simple vista.

La empresa simbólica del hijo

El hijo no vivió ni las operaciones, ni las crisis, ni la evolución de la empresa en el día a día. No la tiene interiorizada y no puede manejarse por las sensaciones ni por la intuición como el padre. Cuando desembarcó, la empresa estaba colonizada y andando. Sin planos ni códigos de urbanización, las cosas funcionan, pero él no sabe bien de qué manera ni está muy seguro de por qué lo hacen.

Es imposible que pueda entenderla como el padre. Requiere de otro tipo de referencias para comprenderla sin necesidad de que cada recoveco se le muestre ante sus ojos ni tener que recordarlo. Entonces comienza a desarrollar sus propios referentes, construye mapas para representar la empresa de manera simbólica y puede establecer relaciones e inferencias sin tenerla presente.

Cómo construir un diálogo compartido

Debido a las diferentes representaciones que cada uno tiene, cuando conversan y analizan la empresa, aunque hablen el mismo idioma no tienen las mismas representaciones acerca de lo mismo. Si, por ejemplo, hablan del stock, mientras el padre mentalmente está viendo el estante, el hijo lo que está viendo es una planilla de Excel. Y no hay nada que le genere más resistencia al padre que una planilla de Excel; cuando la ve dice: "Yo esto ya lo sabía, no necesito una planilla para entenderlo".

Hay una forma de acercamiento de representaciones que es mediante las imágenes. Lo que para el hijo está representado en números, para el padre se hace más comprensible en gráficos.

Para lograr significados compartidos, quien tendría que dar el primer paso es el hijo, tratando de expresar lo que quiere transmitir mediante diagramas, croquis, bosquejos o esquemas. Cuanto más figurativa sea la información que el hijo quiere mostrar, mejor se acercará a los sistemas de representación del padre.

Por ejemplo, si el hijo le mostrara las ventas por cliente sobre el total, identificando a cada cliente de la manera en que se lo nombra internamente y con el tamaño de los números proporcionales al peso de cada uno, el padre tendría la oportunidad de marcar un cliente de poco monto y mucho potencial para que el hijo entienda los motivos por los que tiene un cuidado preferencial hacia a ese cliente.

Hacia una perspectiva superadora

Antes de la llegada del hijo a la empresa, el padre contaba con el más fiel interlocutor: él mismo. Él planteaba sus propias hipótesis, argumentaba, contrargumentaba, sopesaba y decidía. Como no tenía necesidad de contrastar con nadie y su perspectiva era la única posible, no sabía que era justamente eso: una perspectiva. Todo era más simple y más restringido.

Con la inclusión del hijo en las conversaciones se hace evidente la existencia de diferentes enfoques. Y aunque las decisiones se van haciendo más complejas, se amplía el mapa referencial pero también se expande el espacio de soluciones.

El fundador tiene que estar atento a esa transformación, lo que no es nada fácil. Acostumbrado a trabajar solo, veía las situaciones de una manera lineal. Con el hijo aparecen diferencias que ensanchan los límites de lo que había sido posible hasta el momento y depende de él si las apaga o las enciende.

A diferencia de los dueños únicos, los fundadores que desde el nacimiento de la empresa tienen socios igualitarios ya vienen con el ejercicio de consensuar las discrepancias. Es similar a lo que pasa con los hijos que tienen hermanos, que cuentan con una práctica mayor para negociar, defenderse y compartir que los hijos únicos.

Las conversaciones determinan la relación

Todo el mundo habla de "problemas de comunicación" cuando hay dificultades en una relación. Y es cierto. El nudo de toda relación se define en la comunicación y, particularmente, en las conversaciones.

Las conversaciones construyen las relaciones y sus resultados.

El poder de las conversaciones

Unilaterales, desgastantes, inútiles, asimétricas, confusas, interminables, competitivas, distantes, hirientes o absurdas. Francas, productivas, cuidadosas, afectivas, inteligentes, expansivas, transformadoras, estimulantes o sanadoras. Así son las conversaciones. Y así, en suma, son las relaciones. **La manera de conversar y los sentimientos que se generan son la base para la calidad de la relación entre el padre y el hijo.**

La suma de conversaciones estimulantes, en que las partes se sienten expansivas y con sentimientos de valor propio, se traducen en relaciones sólidas y de confianza. A la inversa, la sucesión de conversaciones invalidantes derivan en la evitación, el ocultamiento y el resentimiento.

Pero las conversaciones siempre tienen la magia de crear algo nuevo. **Cambiar la relación es cambiar las conversaciones, cuidar el vínculo es cuidar las conversaciones: el momento, el lugar, las palabras, el sentido, el tono, el contenido.**

Consecuencias de las conversaciones frustrantes

Una de las mayores ventajas de la empresa familiar es la confianza que hay entre los integrantes. Pero la confianza genera permisos que, así como dan pie para manejarse con mayor autenticidad, son una vía libre para expresar "sin filtros" todo lo que se cruza por la cabeza.

No es raro que se comience una conversación, sin mala intención de ninguna de las partes, y sin darse cuenta se derive repentinamente en una situación no buscada con consecuencias devastadoras.

Hay que estar atento frente a las conversaciones difíciles. Cuando se sabe de antemano que hay factores importantes en juego, que las emociones van a ser intensas y que hay divergencias en los puntos de vista, hay que grabarse en la mente que **la relación es mucho más importante que el resultado inmediato**. Es imprescindible pensar, ante todo, en cómo va a quedar la relación después de la conversación. Si hay señales de que la conversación se va de las manos, se puede suspender, posponer o reformular; pero es fundamental estar en estado de alerta para no caer en una escalada de frases hirientes.

Las experiencias previas de conversaciones desafortunadas o lo amenazante del tema a tratar hacen que se evite conversar.

Una conversación entre padre e hijo en la empresa es una conversación entre dos adultos. El padre no está arriba enseñando. El hijo está en edad de querer demostrar; si el padre se pone a enseñar, lo primero que genera es resistencia de parte del hijo. **Los padres pueden ser los mejores maestros de cualquier persona, pero nunca de los hijos adultos.**

Lecciones para la comunicación entre padres e hijos

1. Las formas son el mensaje

Cotidianamente vivimos esta experiencia: las mismas palabras, dichas en momentos, circunstancias o con entonaciones diferentes pueden significar cosas completamente distintas. Un simple "Buenas tardes", dicho con tono amable al que llega a una reunión es una muestra de simpatía y buena educación. Dicho con ironía a esa misma persona, es una recriminación de que llegó tarde. Y el mismo principio juega en todas las conversaciones, aunque a veces no nos demos cuenta: las formas son el mensaje que transmitimos en una conversación. Las formas incluyen el cómo, el cuándo y el dónde. En este sentido es importante considerar algunos límites.

La confianza, los límites y la posición del padre y del hijo en una conversación deberían ser similares a las de dos socios.

Sostener y superar positivamente conversaciones en que las opiniones son distintas y donde hay emociones fuertes, aumenta la confianza y hace más sólida la relación.

2. Comenzar una relación adulta

En el momento que sea, incluso en el peor, se puede comenzar una relación adulta. Puede ser cuando el hijo tiene 30 años o cuando tiene 60. La relación ya no es de padre a hijo sino de adulto a adulto.

Los dos han contribuido y contribuyen al tipo de relación que tienen. Para bien o para mal, es algo que se "baila" de a dos. No depende del otro, depende de uno. La finalidad no es cambiar al otro, es cambiar uno mismo.

Por ejemplo, si el hijo está planteando su opinión sobre un procedimiento y el padre le retruca con una actitud sobradora, el hijo puede decirle: "A mí me interesa hablar de esto, y me interesa lo que vos pensás, pero no quiero hablar de esta manera. Mejor lo hablamos en otro momento". O: "Te estás equivocando, yo así no voy a hablar".

No quiere decir que el hijo va a cambiar al padre, pero puede comenzar a poner límites firmes. Puede suceder que el padre se resista al cambio del hijo, e intente volver al estilo anterior. Si la resistencia es muy dura y no hay cambios, el hijo tendría que armarse un plan, dentro o fuera de la empresa. **El hijo tiene que planificar y autogestionar su propio desarrollo.**

Ante una conversación, una pauta efectiva, tanto para el hijo como para el padre, es preguntarse si se animaría a decirle a un socio lo que le dice al otro y de la forma en que se lo dice.

Otro criterio que funciona muy bien para el padre es tener el mismo cuidado con el hijo que el que tendría con el yerno o la nuera. Cuando se plantea hablar con el hijo del mismo modo en que hablaría con el yerno o la nuera, aprende a cuidarse y a entender que no porque sea el hijo y le tenga confianza puede decirle cualquier cosa. **El hijo ya es adulto y ya no se trata solo de cómo le afecte, ahora se puede enojar.**

3. Los límites

La conversación de adulto a adulto exige renuncias. Hay que renunciar a expresar **todo** lo que se le pasa por la cabeza, "sin filtros"; por ejemplo, los rótulos negativos que cada uno tiene sobre el otro, las formas provocativas o despectivas, los reproches por errores pasados, la avidez de lucimiento personal o la necesidad compulsiva de tener razón.

No es conveniente renunciar a expresar los propios sentimientos frente a determinadas situaciones. Guardar sentimientos negativos es contraproducente para cada uno y para la relación. Hay que expresarlos, en primera persona y haciéndose cargo del sentimiento. Es decir, no como algo provocado por el otro, sino como algo que uno siente ante determinadas situaciones o estilos de comunicación del otro.

Hay que aprender a elegir las conversaciones. Muchas veces se tienen conversaciones con intenciones dudosas o sin saber para qué. Los diálogos de este tipo no contribuyen a la relación adulta. Antes de una conversación difícil es bueno preguntarse: "qué quiero para mí" (para qué tengo esta conversación) y "qué quiero para la relación".

4. Tres factores clave: cómo, cuándo y dónde

Si esas circunstancias hacen a la forma de toda comunicación, **si se avecina una conversación difícil, hay que elegir con mucho más cuidado el cómo, el dónde y el cuándo. No se puede dar en cualquier lugar, en cualquier momento y de cualquier manera**. Si alguno de estos tres factores no está bien encuadrado puede arruinarse la conversación y afectar la relación.

- **Cómo.** Cuidar la dignidad del otro que requiere respeto; no es alguien a quien se pueda manipular o controlar. Y tener en cuenta que la pregunta, si bien brinda protagonismo al otro, también abre el juego y concede. Preguntar es dar un espacio; cuando se hace una pregunta se está permitiendo la opinión y, como opinión, hay que validarla.
- **Cuándo.** Evitar hablar de temas de la empresa en las reuniones familiares. Si las personas presentes no tienen incumbencia en el tema, es mejor no hablar delante de ellos. Hablar delante de alguien es habilitarlo a que intervenga. Y hacerlo pretendiendo que no opine, es desairarlo. Respetar al hijo que está dentro de la empresa implica tener conversaciones privadas, y respetar al hijo que está fuera significa no censurarlo cuando se abrió el juego de la conversación en su presencia.
- **Dónde.** La casa no es el lugar indicado; allí hay familiares que no hacen a la finalidad de la conversación. La empresa sí lo es, pero con el cuidado de cerrar la

puerta de la oficina para que los empleados sepan que hay una reunión entre padre e hijo. No se sabe hasta dónde puede llegar la conversación y es conveniente tenerla a solas. Incluso hay ciertas conversaciones que es mejor entablarlas en un café fuera del negocio o fuera del horario laboral.

5. Algunas frases efectivas

Hay frases efectivas en la práctica, para facilitar la comunicación. Los siguientes son algunos ejemplos.

Para el hijo, para ser tratado como adulto

Situación	Frases
El padre lo etiqueta con sentencias como: *Siempre impulsivo. Sos un ansioso. Sos irresponsable.*	*No te lo voy a explicar, porque evidentemente pensás eso; pero lo que sí te digo es que lo que me estás diciendo no me sirve a mí, no le sirve a la empresa y no te sirve a vos.* *Lo que estás diciendo me ofende, no voy a seguir hablando de esta manera.*
El padre invalida los planteos del hijo recordando repetidamente errores pasados.	*Tenés razón, en aquel momento me equivoqué. Ahora estoy hablando de otra cosa y quiero que conversemos sobre lo que te estoy planteando en este momento.*
El padre tiene una actitud sobradora y se expresa de manera burlona o irónica.	*Me importa seriamente saber tu opinión, y no me ayuda hablarlo en este tono; te pido que no sigas provocando.*
El padre discute delante de la familia o los empleados.	*No voy a hablar de esto ahora.*
El padre levanta el tono de voz y dice frases ofensivas.	*Veo que estás muy enojado, prefiero discutir esto en otro momento.*

Frases efectivas del padre para validar al hijo

La validación es una forma de comunicación muy efectiva del padre hacia el hijo porque:

- Lo ayuda a salir de la actitud crítica que lo estanca en el rol optimizador.
- Frena la escalada emocional y evita la tentación de defenderse que siempre termina siendo inefectiva.
- Alivia las emociones fuertes.
- Construye confianza, porque el hijo se siente aceptado, aunque el padre no esté de acuerdo con el contenido de lo que dice.
- Por sobre todas las cosas, alienta al hijo a expresar sus opiniones de una manera adulta, sin defenderse, sintiéndose protagonista; por lo cual va dejando de lado su interés en querer "demostrar", para ocuparse de los temas reales del negocio.

Validar no es estar de acuerdo con el contenido, con los pedidos, con los planes ni con conductas inadecuadas. Tampoco es dar consejos, soluciones o ánimo. Es aceptar y *darle importancia a lo que piensa y siente* **el hijo y** *demostrárselo.*

Por ejemplo, en los casos en que el hijo le confiesa un error, que algo le salió mal, que se siente frustrado, que algo le preocupa o le molesta. También es importante validarlo cuando se siente orgulloso con un resultado o contento con un plan.

Frase invalidante	Frase de validación
Lo que deberías hacer es...	*¿Qué pensás que se podría hacer ahora?*
A mí jamás me hubiera pasado eso (un error).	*Qué difícil estar en esa situación.*
Cuando a mí me pasó, lo resolví enseguida, lo que hice fue...	*Yo también me habría enojado (o preocupado, frustrado, etcétera).*
Bueno, no es para tanto.	*¡Uy!, ¿cómo fue? ¡Qué situación brava! ¿Cómo te lo bancaste?*
Te ahogás en un vaso de agua.	*Te veo muy preocupado, ¿qué querrías que hiciera para ayudarte?*
Eso te pasa por ser demasiado permisivo.	*Quizás era lo mejor que podías haber hecho en ese momento.*
Lo que tendrías que haber hecho es...	*Me imagino cómo te sentiste, debe de haber sido duro.*
Lógico, yo ya te lo había dicho.	*Qué lástima que te pasó eso. ¿Cómo te afecta?*
Yo, en el 94, negocié el contrato de...	*Espectacular, me alegro por vos.*
Eso ya lo probé y no funciona.	*Creo que entiendo, pero explicame más, ¿cómo sería?*
Nadie te va a dar bolilla.	*¿Cuándo pensás que podría hacerse? ¿Cómo lo harías?*
Y bueno, hacé lo que quieras, probá y vas a ver...	*Nunca se me ocurrió pensar en eso. ¿Cuál pensás que va a ser el resultado?*

Qué hacer y qué no hacer en la comunicación entre padre e hijo

Qué hacer

Para padres e hijos

Pensar qué quiero para mí y qué quiero para la relación. Ser conscientes de que, además del asunto puntual de la conversación, hay que prestar atención a la relación. Ponerse en esta perspectiva permite precisar mejor cuál es el tema a tratar, lo que mejora la comunicación y sus resultados.

Distinguir hechos de intenciones. Toda comunicación tiene una intencionalidad; pero suponer intenciones que uno, leyendo entre líneas, cree descubrir en el interlocutor empaña lo que realmente está diciendo. En muchas ocasiones, la intención que le atribuimos al otro puede estar marcada por nuestros prejuicios. Siempre es más claro y productivo hablar de los hechos.

Evitar etiquetas o rótulos. En el mismo sentido que lo anterior, cuando se ponen etiquetas o rótulos –a nuestro interlocutor o a terceros involucrados en lo que se dice– ya estamos prejuzgando, cerrándonos a la posibilidad de obtener información nueva o aprender algo de la conversación.

Hablar de los sentimientos en primera persona. Decir: "A mí me pasa esto", "Yo quiero esto", además de significar hacernos cargo de nuestros sentimientos y actitudes mentales, evita caer en "pases de factura" o convertir la comunicación en una historia de "víctimas y victimarios".

Estar atentos al momento en que una conversación se va de los límites de las formas. Por mucho empeño y preparación que pongamos, de todos modos puede ocurrir que la conversación se salga de cauce. Si llega ese momento, conviene frenar y retomarla luego, antes de que se alcance el "punto de no retorno".

Qué no hacer

Como padres

Invalidar las opiniones y los planteos del hijo. No es productivo asumir la actitud de quien dice: "Yo soy el que tiene experiencia, ¿qué me vas a enseñar vos?". Y, muchas veces sin darnos cuenta, es lo que hacemos cuando invalidamos la opinión de nuestro hijo. Validar no significa que estemos de acuerdo, sino que primero entendemos y lo demostramos, y luego explicamos lo que pensamos.

Como hijos

Pretender cambiar al padre cuando tiene un estilo ofensivo o cuando usa calificativos provocativos. Si nuestro padre se expresa de esa manera, se está subiendo al ring y nos está diciendo: "Vení, subite". Si nos justificamos, ya estamos subidos. La mejor respuesta es no subirse, pero expresar claramente nuestro parecer de manera adulta, como si fuéramos nosotros el padre.

Para padres e hijos

Discutir delante de los empleados. En esta situación pierden todos: el líder pierde autoridad y poder, el hijo pierde respeto, la empresa pierde profesionalidad. Los empleados más comprometidos se sienten incómodos, como cuando los padres discuten delante de sus hijos. Y encima, los empleados menos comprometidos se hacen un festín. Lo más importante es salir de esa situación y sobre todo pensar: "¿Qué mensaje les estoy dando a los empleados?; tendría que hacer algo tal que los empleados piensen 'qué bien que no entró en el juego'". Luego, en forma privada, hay que aclararle a ese familiar que nos puede decir lo que quiera, pero nunca delante de un empleado, porque así perdemos todos.

CAPÍTULO 10

CAMBIO EN LA MIRADA ENTRE PADRES E HIJOS

Identidad y protagonismo
Del gigante al hombre
Del niño al protagonista de su propia vida
Como padres, todo lo que hicimos lo hicimos por nosotros
Como hijos, todo lo que hacemos lo hacemos por nosotros

A la sombra del padre
Padre desarrollador
Padre lucidor

El futuro de la generación mayor
Priorizar la relación con los hermanos de su generación
Proteger su independencia financiera

¿Hay tiempo?
Todavía hay tiempo
El momento es ahora

Son los hijos los que los transforman en padres.
Los hijos comienzan siendo una nota al pie de los padres
y los padres acaban siendo una nota al pie de los hijos.
Rodrigo Fresán[4]

---

4   Fresán, Rodrigo: *Jardines de Kensington.* Editorial Debolsillo, Buenos Aires, 2012.

Identidad y protagonismo

La empresa familiar es una evidencia de que la vida cumple un ciclo. Devela de manera irrefutable que el tiempo sigue su curso con independencia de nuestras decisiones. Forzosamente cambiarán los escenarios y habrá nuevos jugadores.

En el primer tiempo, sin ninguna duda, el fundador ocupa toda la escena. Los focos apuntan a él. Cuando está en su mejor momento, si es inteligente, disfruta del aplauso porque sabe que no durará para siempre. Los jóvenes, con su frescura, ya le están golpeando la espalda para tener su propia ovación. En algún momento les va a tener que pasar la posta para que el show continúe.

Todos necesitamos del reconocimiento de los otros. Los padres de nuestros hijos y los hijos de nuestros padres.

Como padres, no es fácil corrernos de la escena principal y dejar el partido en manos de nuestros hijos. Pero ante lo inevitable tenemos solo dos opciones: o nos resistimos y hacemos fuerza para anular el potencial de la generación siguiente, o nos apartamos con gracia y los alentamos.

Como hijos, tampoco tenemos más que dos opciones: o nos quedamos aplaudiendo los goles del pasado, o nos metemos en la cancha a buscar nuestro propio gol.

Una de las señales de buen crecimiento de los hijos es el cambio de mirada que van teniendo hacia sus padres. Y también los padres, con contradicciones y alguna que otra herida en el ego, dan buenas señales de evolución al cambiar la mirada hacia sus hijos.

Del gigante al hombre

¿Qué pensarías si tu marido te planteara que antes de cambiar el departamento de los dos lo tiene que consultar con su mamá? ¿O si tu mujer te dijera que quiere que su mamá la acompañe a su primera visita al pediatra de tu hijo recién nacido? Seguramente pensarías que algo no está bien.

El cambio en la figura y en la función de nuestros padres es el indicador más importante de que estamos creciendo y madurando bien. Cuando somos niños, nuestros padres son todo. Gigantes, sabios, ídolos y magos. Nos cuidan, nos curan, nos consuelan, nos enseñan y nos entretienen. Saben hacer de todo y todo lo resuelven.

Y hasta entrada la adolescencia contamos, como si fueran nuestros, los logros que son de ellos:

—Mi papá sabe arreglar la computadora.
—Mis padres alquilaron una quinta.
—Mi papá es el dueño y dirige a veinte personas.
—Mi mamá es médica.
—Mi papá viajó para comprar una máquina.

No tenemos otros referentes, todavía no formamos nuestros propios juicios y tampoco sabemos que nuestra mirada es incompleta. Nuestra admiración anula lo desacertado y vemos solo lo bueno.

Después, los referentes son nuestros amigos, con quienes contrastamos nuestras frustraciones ante lo que quisiéramos hacer y no nos permiten. Encima, algunos tienen padres más compinches o que nos prestan más atención y ahí empiezan nuestros juicios y cuestionamientos.

Pero más adelante, en el escenario de adultos, somos los actores principales. El foco nos apunta en vivo y en directo, y pregonamos nuestras glorias:

—Me recibí.
—Llevé a los chicos a Disney.
—Cambié el auto.

Luego, bastante más tarde, hay una edad en la que empezamos a sentir que nuestros padres ya vivieron, que están grandes y que ya pasó su etapa. Notamos que se están desactualizando y toman decisiones que ya no se usan.

Les decimos:

—¿Por qué no lo guardás en el celular?
—¡¿Cómo vas a comprarlo en ese negocio?!

Después ya empezamos a ayudarlos y a decidir por ellos:

—Hacete ver por un oftalmólogo especialista en eso.
—No tenés que ir a la Municipalidad, dame los datos y te lo resuelvo por Internet.

Y en algunas cosas les llamamos la atención para que se ubiquen en la edad que tienen:

—Ya no podés ir manejando en semejante distancia, tenés que ir en avión.

También empezamos a sentir que no vale la pena que hagan ciertos gastos o inversiones:

—¿Para qué meterte en una refacción tan grande?

Por último, y si tenemos la suerte de tenerlos cuando lleguen a viejos, sabemos que en mayor o menor medida vamos a tener que cuidarlos.

Este cambio de mirada significa que hemos sabido crecer, que en algún momento dejan de ser nuestros consejeros y que ya no tienen espalda para todo. Es nuestro turno de ser protagonistas, tomar nuestras decisiones y ser un apoyo para ellos.

Del niño al protagonista de su propia vida

Cuando son chicos y hasta los comienzos de la adolescencia, sentimos que en el futuro van a ser los mejores en lo suyo, no hay dudas de que se van a destacar. Si son buenos en matemática, van a ser ingenieros. Si andan bien en fútbol, los hacemos entrar en la sexta de Boca, y si a los 17 eligen a una buena chica como novia, ya la vemos como madre de nuestros nietos.

Cuando se llevan matemática, cambian el fútbol por la guitarra y ya nos presentaron cuatro novias, empezamos a ver contrastes y vienen nuestras recomendaciones y sermones.

Sin embargo, en cada uno de sus intentos en que nos ilusionamos con su futuro, les contamos a nuestros amigos o familiares sus logros. Quizá para mostrar nuestro éxito como padres, para lucirnos a través de ellos o porque en nuestra imaginación los vemos realmente destacándose en lo que hagan. Aun así, muchas veces no somos capaces de decírselo a nuestros propios hijos. En el acontecer del día a día no solo no les decimos lo que manifestamos en nuestros círculos sociales, sino que hasta les expresamos desconfianza en lo que hacen y en lo que van a lograr. Es parecido a cuando se habla de la empresa ante un empleado potencial o ante los de adentro. Puertas adentro nos quejamos pero ante otro hablamos maravillas.

Por suerte nos llega el momento en que valoramos de verdad su manera de ser, sus caminos, sus bifurcaciones y los estilos que van eligiendo.

¡Pero hay más! Llega el momento en que, más que aceptarlos, empezamos a sentir admiración sincera. Hacia todo, incluso hacia su capacidad de enfrentarnos y criticarnos con los dolores de cabeza que eso nos trae. Si somos padres que saben mirar, vamos a ver que dan muestras permanentes de elecciones y acciones que nosotros no hubiéramos podido hacer ni nos hubiéramos atrevido a concretar.

Cuando ya son adultos, empiezan a ser buenos consejeros y les pedimos opiniones: "¿Qué televisor me conviene?", "¿Te parece que transforme el escritorio que no uso en un *play-room* para cuando vengan los chicos?".

Si, como padres, sabemos detectar el momento preciso en el que les toca actuar a ellos, nunca perderemos el papel más importante de nuestra vida, que es el de alentarlos a ser protagonistas de la suya propia.

Como padres, todo lo que hicimos lo hicimos por nosotros

Como padres, es sabio ser conscientes de que todo lo que hicimos lo hicimos por nosotros, por nuestras propias elecciones, y que eso que elegimos, esa manera de hacer las cosas, es lo que quisimos vivir y se va a morir con nosotros.

Es bueno que uno, como padre, se pueda decir a sí mismo: "Todo lo que hice, lo hice por mí, no por mis hijos".

Esto es un acto de honestidad que no deja deudas, ni culpas, ni mandatos. Aunque sea una gran aspiración como fundadores dejar el legado empresario, entendemos que lo más importante son las elecciones que nuestros hijos hagan. No solo las más importantes son las más sabias. Y son sabias aunque ellos mismos las modifiquen luego, porque son elegidas por sus dueños, que saben mejor que nosotros lo que necesitan en cada momento.

De manera que no hay culpas ni faltas en lo que tiene que ver con el desarrollo profesional. Honestamente, no hay nada, absolutamente nada que deban hacer para satisfacer nuestro propio deseo de haber formado una empresa.

Como hijos, todo lo que hacemos lo hacemos por nosotros

Bueno, la verdad es que no hay víctimas. ¿Víctima de que nuestro padre quiso formar una empresa? ¿Y de que le fue bien? ¿Y de que aspiró a que la continuáramos? ¿Y? ¿Cuál es la culpa?

Él se fascinó con el emprendimiento y si a nosotros también nos fascina –la empresa, el desarrollo económico, el poder, la continuidad de una historia–, estamos en un buen camino de continuidad y tenemos que expresarlo.

Si, por el contrario, buscamos otro estilo de vida y necesitamos algún beneficio económico para despegar, hablemos claro, pidámoslo, conversémoslo. Pero no transformemos a un padre empresario en un carcelero. No es justo. No nos hace mejores. No suma a nuestra vida ni a nuestro proyecto. Él eligió su vida y nos corresponde a nosotros elegir la nuestra.

A la sombra del padre

El empresario fundador es una persona con protagonismo natural que tiene carisma, autonomía y poder. Sin embargo, hay padres que advierten los indicios del paso del tiempo y aprenden a apartarse con elegancia de la escena principal cuando es el momento de los hijos, y los ayudan a desarrollarse y fortalecerse. Hay otros que no, no se pueden mover del centro de la escena y pretenden que sus hijos estén a la sombra.

Padre desarrollador

Hay un momento doloroso para el fundador, muy doloroso… ¡muy doloroso! Es cuando se empieza a dar cuenta de que para que los hijos crezcan se tiene que correr. Y un padre siempre quiere que los hijos crezcan. Pero para uno significa que tiene que empezar a estar del otro lado, a no ser una persona importante en la empresa, significa empezar a ceder espacios…

Noemí Erejomovich
Sra. Mimo, fundadora y dueña de la empresa Mimo & Co.

El karma del empresario perfecto

Daniel G, 57 años, es un talentoso empresario que transformó el taller de su padre inmigrante en una de las más prósperas y sobresalientes empresas, como proveedor clave de indumentaria y uniformes de trabajo. Con capacidad, inteligencia y empuje fue llegando progresivamente a ser el empresario más innovador y confiable de su rubro.

Vino a la consulta acompañado de sus dos hijos, de 25 y 27 años; el menor, ya casado y con dos hijos. Su objetivo era lograr que sus hijos fueran progresivamente haciéndose cargo de la empresa para, más adelante, dejarla en manos de ellos y retirarse.

Aunque Daniel es joven para el retiro, como buen previsor, quería ir preparando el camino.

En la consulta habló solo él. Ante las preguntas a sus hijos, ellos miraban al padre antes de responder, y lo hacían de una manera escueta.

En un momento le preguntamos a Daniel cuáles eran las funciones de sus hijos. Comentó que su hijo mayor, con un máster en administración, no tenía una función específica, sino que se ocupaba de diferentes asuntos del negocio que él le iba asignando; y que su hijo menor, sin estudios universitarios, era el encargado del depósito con 16 personas a su cargo.

Luego de describir las funciones de los hijos, resumió: "En síntesis, ellos ejecutan, operan... pero obvio que la estrategia la tengo que definir yo (autoseñalándose con el dedo índice) porque si no, no salimos adelante, por eso es mi consulta".

Días después, cuando Martín entrevistó a cada hijo individualmente, dando muestras específicas de empatía y validación por las funciones que cada hijo desempeñaba, les preguntó a cada uno por separado: "¿Hay algo que quisieras hacer diferente de tu padre? ¿Hay algún aspecto en el que no estés del todo de acuerdo?".

Aunque con diferentes argumentos, ambos hijos coincidieron en que no, que las ideas y la opinión de su padre siempre eran las mejores.

***Conclusión.* No es que alentemos a que los hijos critiquen a sus padres, sobre todo en casos en que los padres son probadamente empresarios exitosos, pero sí es cierto que si los hijos no buscan superar el estilo del padre, si no tienen sus propias ideas de mejora y si sienten que su padre hace siempre lo perfecto, hay que andar un camino entre padres e hijos para desarrollar la capacidad empresaria de los hijos. Y este recorrido comienza cuando los padres se entusiasman con una generación posterior que los puede superar y los hijos cambian y validan su propia mirada.**

Como padres, todos buscamos que a nuestros hijos les vaya bien. Sobre esto no existen dudas. Pero no siempre hacemos bien nuestra parte; no porque no queramos, sino porque no nos damos cuenta o porque no sabemos cuál es el camino. Probamos la crítica o el estímulo, nos debatimos entre imponer nuestras ideas o dejar hacer, les damos un lugar y fracasan… No es fácil.

Sin embargo, hay una gran diferencia entre el padre desarrollador, que quiere que sus hijos sean buenos empresarios, y el padre lucidor, que quiere ser el mejor empresario. La diferencia está en dónde ponemos la atención y qué esperamos de nuestros hijos.

El padre desarrollador es el que está atento a la manera en que puede apoyar o entorpecer el desarrollo de los hijos. Para él, lo más importante es que los hijos crezcan y entiende que va a ser de una manera diferente de la que él lo hizo. Es muy consciente de que se van a equivocar, y como sabe que lo más importante es que los logros superen a los fracasos, busca especialmente un ámbito que le asegure que les vaya más bien que mal.

Pero sobre todas las cosas, el padre desarrollador sabe que es el momento de los hijos y que, aunque cueste, tiene que retirarse del lugar de protagonismo.

Padre lucidor

MADAME CURIE (**Maria Salomea Skłodowska, 1867-1934) fue pionera en el campo de la radiactividad. Sus descubrimientos se aplicaron extensiva y exitosamente en diversos tipos de diagnóstico y tratamientos de enfermedades, como el cáncer. Fue la *primera mujer en recibir un Premio Nobel y la primera persona en recibir dos premios Nobel en distintas especialidades*.**

Antes de hacer público su logro, Marie se lo contó a su padre en una carta emocionada. Él, Władysław (profesor de enseñanza media en Física y Matemáticas), que estaba muriendo, le contestó: "¡Qué pena que tu trabajo solo tenga un interés teórico!".

Al padre lucidor le gusta la tribuna, y la tribuna más calificada son sus propios hijos. El aplauso más inteligente, el más cercano, es el que obtiene de sus hijos. Por eso el padre lucidor siempre es el ejemplo para los hijos. En el fondo quiere mantener su protagonismo y no acepta que es el momento de ellos. Hay padres que nunca llegan a admirar a sus hijos.

Si, como padres, tenemos este estilo, es una consecuencia lógica de nuestro desarrollo empresario. Por nuestros propios méritos hemos logrado una trayectoria que no era fácil de alcanzar. Y el desarrollo de nuestros hijos nos agarra justo en un momento en que empezamos a perder visibilidad y ya no deslumbramos con nuestros logros porque todo el mundo se acostumbró a verlos.

Cuanto más nos resistimos, peor nos ponemos: cancheros, sabiondos y pedantes, queriendo deslumbrar con ideas que no están actualizadas. Buscando el aplauso y el reconocimiento de la tribuna. Parados en el escenario, aunque el público se haya ido.

El padre lucidor, que quiere ser el máximo referente, cuando los hijos ya son adultos, se va poniendo patético sin darse cuenta. Actúa desde un lugar que no le corresponde, se siente moderno y actualizado en aspectos en los que ya no lo está y pretende que su momento de gloria sea eterno. Sigue hablando de sus historias de éxito y siempre tiene la "mejor" respuesta para todo.

Tenemos que tener cuidado de que no nos tome de sorpresa la edad. El paso del tiempo tiende a suavizar el carácter y brindar perspectiva, pero si tenemos un estilo lucidor y hacernos mayores no estaba dentro de nuestras opciones, la situación empeora. Nos aferramos al minuto de fama, mostramos pruebas de éxitos pasados que ni siquiera califican para un recorrido *vintage* de nuestra celebridad.

El hecho de que seamos buenos empresarios no significa que vayamos a ser buenos desarrolladores. Y si ser un

padre desarrollador no está en "nuestra naturaleza", podemos llegar a serlo "por diseño", porque lo elegimos, porque sabemos que es lo mejor para nuestros hijos. No es fácil. Como dice Mimo, como madre desarrolladora: "Es muy doloroso". Pero del otro lado está lo más importante de nuestras vidas: nuestros hijos.

Hay adultos, hijos de padres lucidores, que siguen hablando de ellos en vez de hablar de sí mismos. Esa etapa de admiración a los padres no la cerraron y eso también es contraproducente.

Una sugerencia fallida para un padre lucidor

En cierta ocasión teníamos a un empresario cliente que era bastante maltratador de sus empleados y muy mal motivador.

Como asesores, buscábamos que entendiera la importancia de motivarlos, para lo cual le dimos una sugerencia que siempre nos había dado buen resultado. Le dijimos que detectara algo que sintiera genuinamente que su hijo hiciera mejor que él y que luego lo felicitara sinceramente. Que le dijera: "Te felicito por xx que hacés y además te quiero decir que en xx sos mejor que yo". Con esto pretendíamos que viera cómo todas las personas tienen algún desempeño especialmente bueno y cuánto más iba a lograr felicitando que criticando.

Pasó un buen tiempo luego de esta sugerencia, ya que el cliente era atendido por otro consultor. Un día lo fuimos a ver nuevamente, y el consultor que lo atendía nos recordó que le preguntáramos acerca de cómo le había ido, porque no tenía novedades.

De modo que le preguntamos si lo había hecho.

–Sí, sí –nos dijo–, y descubrí algo que hace mucho mejor que yo.

–¿Y cómo te fue?

–Le dije: "Sos un tonto porque jugás al fútbol mucho mejor que yo, pero no hacés goles".

Como padre lucidor, no pudo dejar de criticarlo; descubrió algo en lo que su hijo era mejor, pero lo trató peor que si no le hubiera dicho nada.

Como hijos de un padre lucidor, tenemos que cuidarnos sin esperar cambios. Es importante que encontremos nuestra propia identidad, no somos extensiones de un padre que solo se mira a sí mismo. Tenemos que descubrir nuestra propia admiración por nosotros mismos y dejar de esperar su reconocimiento. Busquemos nuestro camino, porque somos capaces, porque tenemos futuro, porque entendemos el mundo de hoy. Por eso, sí o sí, nuestro camino es necesariamente superador.

El futuro de la generación mayor

Priorizar la relación con los hermanos de su generación

Los estudios y las hipótesis de la psicología evolutiva tradicional se han centrado en las primeras etapas de la vida: la infancia y la adolescencia. Y en lo referido a la relación entre hermanos tendió a analizar los aspectos relacionados con los celos y la rivalidad. Sin embargo, a partir de la extensión de la vida y la apertura del foco en los aspectos más relacionados con el bienestar que con el conflicto, los resultados de las investigaciones de los últimos años ponen de relieve la importancia que la relación entre hermanos adquiere en los adultos mayores.

Con el 50% de ADN compartido, las memorias tempranas en común, el hecho de haber superado rivalidades, haber salido airosos y haber manejado las dificultades de repartirse los cuidados de padres ancianos hacen que en la edad avanzada los hermanos recobren un valor inigualable.

Según estudios realizados, el contacto y la relación con los hermanos permiten predecir el ánimo y la satisfacción de los adultos mayores. Por eso, entre lo que hay que prever y cuidar, a medida que nos ponemos mayores, sin duda la relación con los hermanos está en uno de los primeros lugares.

En los casos en que dos o más hermanos son socios en la empresa y entra alguno de los hijos, el padre suele estar muy atento al hijo y privilegia su desarrollo. Muchas veces el hijo es causa de roces y fricciones que los hermanos socios nunca habían tenido. El hijo busca una complicidad en el padre y fácilmente la encuentra, ya que en tantos años de relación seguramente hubo temas que se dejaron pasar, que se silenciaron y que con facilidad pueden volver a surgir si alguien los incita. Es necesario estar muy convencido de la importancia de no perjudicar la relación entre hermanos.

Es un vínculo que con el paso del tiempo, cuando van siendo más grandes, les brindará una contención y un compañerismo que no encontrarán en los hijos. Porque los hijos están en la etapa de vivir su propia vida.

Muchas veces alguno de los hermanos de la generación mayor piensa que a él no le va a pasar con sus hijos lo que quizás a él le pasó con sus padres, que dejó de tenerlos como referentes porque ya habían hecho su vida y estaban viejos.

Entre los mayores, aun cuando hayan tenido fuerte rivalidad y diferencias entre sí, se produce un encuentro inédito en las últimas etapas. Con el paso del tiempo empiezan a igualarse y a acompañarse, y es bueno y saludable que así sea.

Proteger su independencia financiera

El fundador mantuvo a su familia, fue una fuente de bienestar y les otorgó a sus hijos, en mayor o menor medida, una plataforma de despegue económico y profesional que él mismo no tuvo. Es su derecho y merecimiento tener una vejez financieramente tranquila y estable.

Como los hijos empiezan a sentir que los padres están viejos, si estos no se encargan por sí mismos de asegurar su independencia económica y les ceden bienes a los hijos antes de tiempo, pueden quedar atrapados por las decisiones de los hijos.

Los adultos mayores tienen que asegurar su patrimonio y sus ingresos para su retiro y si, ocasionalmente, la empresa llegara a tener dificultades luego de su retiro, los hijos, en esto sí, "se las van a arreglar", porque "su destino económico depende solo de ellos".

¿Hay tiempo?

Todavía hay tiempo

En este libro te dijimos que cualquiera fuera la etapa en que estuvieras, había tiempo. Y lo hay.

Como padres, todavía hay tiempo para:

- Rever remuneraciones.
- Clarificar futuros roles de los hijos.
- Generar un espacio de desarrollo profesional para tu hijo.
- Comenzar a juntar patrimonio para quienes no vayan a estar en la empresa.

Como hijos, hay tiempo para aprender, para probar, para cometer errores y rectificarlos. Hay tiempo para:

- Tener una conversación adulta con tu padre, independientemente de la edad que tengas.
- Renunciar a beneficios o privilegios que te quitan autonomía.
- Encontrar la manera de poner límites sin intentar cambiar a tu padre.

El momento es ahora

Pero el tiempo no nos espera, sigue su curso independientemente de nuestras decisiones. Ya sea por planificación o por azar, el futuro va a llegar de cualquier manera.

Como padres, el momento es ahora para:

- Brindarle un espacio de desarrollo profesional a tu hijo si hace más de cinco años que trabaja en la empresa.
- Preparar el futuro liderazgo si tenés más de 60 años.
- Aclarar los roles futuros de tus hijos si tienen más de 40 años.
- Identificar tu edad de retiro si tenés más de 65 años.

Como hijos, el momento es ahora para:

- Pedir que la remuneración sea en dinero y no mediante pagos de otras cosas en el momento que sea.
- Pedirle a tu padre gestionar una función de negocio que sea medida por resultados si hace más de cinco años que trabajás en la empresa.
- Conversar con tu padre acerca del futuro liderazgo si tenés más de 40 años.
- Cuidar la relación con tus hermanas o hermanos y cuñados o cuñadas si te perfilás como próximo líder de la empresa.
- Aprender las responsabilidades de accionista si tenés más de 43 años, por más que no trabajes en la empresa.

Pero hay aspectos que parecen menos urgentes, más emocionales, menos imprescindibles, ante los que sin embargo no hay tiempo para ninguna de las partes: **el momento es ahora**. Si tenés un padre lucidor, él no va a cambiar. Hay que aceptar el déficit y asumir que tu momento de cambiar es ahora. Y si, como padre, estás perjudicando el potencial de tu hijo, el momento de cambiar es ahora. Muchas otras cosas pueden esperar, pero para la validación, otorgada o recibida, no hay tiempo.

ACERCA DE LOS AUTORES

José María Quirós

Con una trayectoria de más de 30 años como investigador, consultor y conferencista experto en la realidad de las pequeñas y medianas empresas, José María Quirós es el referente indiscutido del mundo Pyme.

Junto con su prestigioso equipo de consultores ha asesorado a más de 400 empresarios para ayudarlos en el dominio del negocio. Convocado por reconocidas instituciones, ha dado conferencias en ocho países para más de 20 mil directivos de empresas. Además de haber publicado numerosos artículos, es autor del libro *Etapas de la Pyme*, en el que plantea claves efectivas para el dominio de la rentabilidad.

Martín Quirós

Es empresario, director de Centro de Capacitación y Empresa SA, organización creadora de las Jornadas Pymes y el Tour Pyme, los eventos más importantes para directivos de Pymes, capacitando a más de a 6.500 empresarios por año en Argentina y brindando contenidos a toda América Latina.

Como joven que expandió la empresa iniciada por su padre, y a partir de su experiencia como consultor de empresas familiares, se especializó en la problemática de la *segunda generación* sistematizando herramientas para su desarrollo y liderazgo. Asimismo, es columnista de Radio Continental, en *Espacio Pyme*.